新时代外国语言文学
新发展研究丛书

总主编 罗选民 庄智象

对比语言学新发展研究

Contrastive Linguistics: New Perspectives and Development

尚 新 / 著

清华大学出版社
北 京

内容简介

对比语言学的新发展体现在四个方面：一是研究对象的拓展，即从传统的两个自然语言之间的对比分析，拓展为自然语言与作为"第三语码"的翻译语言之间的互动影响研究，从而将传统的"静态对比语言学"发展为"动态对比语言学"的理论体系；二是研究层面的拓展，即从语言本体研究的层面，"形而上"地拓展到以语言文明互鉴为宗旨的语言世界观和民族心理比较探究，又"形而下"地拓展到基于对比分析的翻译实证研究；三是"蕴涵定律"的发现，即对比分析与翻译研究之间的关系实质上是"蕴涵关系"，即对比分析蕴涵翻译研究，这就是对比分析与翻译研究之间的"蕴涵定律"；四是研究方法论的创新，即"蕴涵定律"内在地要求基于对比分析的翻译研究必然走科学实证研究路径，即"语料库检验型基于对比分析的翻译研究"（CT-CATS）路径，体现为"五步循环法"的双循环实证科学程序。

本书读者对象为具有一定语言学学习基础的青年学者、语言学领域的研究生以及对比语言学研究的爱好者。

版权所有，侵权必究。举报：010-62782989，beiqinquan@tup.tsinghua.edu.cn。

图书在版编目（CIP）数据

对比语言学新发展研究 / 尚新著. —北京：清华大学出版社，2023.12
（新时代外国语言文学新发展研究丛书）
ISBN 978-7-302-63907-7

Ⅰ.①对… Ⅱ.①尚… Ⅲ.①对比语言学—研究 Ⅳ.① H0

中国国家版本馆 CIP 数据核字 (2023) 第 114680 号

策划编辑：郝建华
责任编辑：郝建华　刘　艳
封面设计：黄华斌
责任校对：王凤芝
责任印制：丛怀宇

出版发行：清华大学出版社
　　　　　网　　址：https://www.tup.com.cn，https://www.wqxuetang.com
　　　　　地　　址：北京清华大学学研大厦 A 座　　邮　编：100084
　　　　　社 总 机：010-83470000　　邮　购：010-62786544
　　　　　投稿与读者服务：010-62776969，c-service@tup.tsinghua.edu.cn
　　　　　质量反馈：010-62772015，zhiliang@tup.tsinghua.edu.cn
印 刷 者：大厂回族自治县彩虹印刷有限公司
装 订 者：三河市启晨纸制品加工有限公司
经　　销：全国新华书店
开　　本：155mm×230mm　　印　张：15.5　　字　数：234 千字
版　　次：2023 年 12 月第 1 版　　印　次：2023 年 12 月第 1 次印刷
定　　价：118.00 元

产品编号：088053-01

中国英汉语比较研究会
"新时代外国语言文学新发展研究丛书"
编委会名单

总主编

罗选民　庄智象

编　委

（按姓氏拼音排序）

蔡基刚	陈　桦	陈　琳	邓联健	董洪川
董燕萍	顾曰国	韩子满	何　伟	胡开宝
黄国文	黄忠廉	李清平	李正栓	梁茂成
林克难	刘建达	刘正光	卢卫中	穆　雷
牛保义	彭宣维	冉永平	尚　新	沈　园
束定芳	司显柱	孙有中	屠国元	王东风
王俊菊	王克非	王　蔷	王文斌	王　寅
文秋芳	文卫平	文　旭	辛　斌	严辰松
杨连瑞	杨文地	杨晓荣	俞理明	袁传有
查明建	张春柏	张　旭	张跃军	周领顺

总　　序

　　外国语言文学是我国人文社会科学的一个重要组成部分。自 1862 年同文馆始建，我国的外国语言文学学科已历经一百五十余年。一百多年来，外国语言文学学科一直伴随着国家的发展、社会的变迁而发展壮大，推动了社会的进步，促进了政治、经济、文化、教育、科技、外交等各项事业的发展，增强了与国际社会的交流、沟通与合作，每个发展阶段无不体现出时代的要求和特征。

　　20 世纪之前，中国语言研究的关注点主要在语文学和训诂学层面，由于"字"研究是核心，缺乏区分词类的语法标准，语法分析经常是拿孤立词的意义作为基本标准。1898 年诞生了中国第一部语法著作《马氏文通》，尽管"字"研究仍然占据主导地位，但该书宣告了语法作为独立学科的存在，预示着语言学这块待开垦的土地即将迎来生机盎然的新纪元。1919 年，反帝反封建的"五四运动"掀起了中国新文化运动的浪潮，语言文学研究（包括外国语言文学研究）得到蓬勃发展。中华人民共和国成立后，尤其是改革开放以来，外国语言文学学科的发展势头持续迅猛。至 20 世纪末，学术体系日臻完善，研究理念、方法、手段等日趋科学、先进，几乎达到与国际研究领先水平同频共振的程度，取得了令人瞩目的成绩，有力地推动和促进了人文社会科学的建设，并支持和服务于改革开放和各项事业的发展。

　　无独有偶，在处于转型时期的"五四运动"前后，翻译成为显学，成为了解外国文化、思想、教育、科技、政治和社会的重要途径和窗口，成为改造旧中国的利器。在那个时期，翻译家由边缘走向中国的学术中心，一批著名思想家、翻译家，通过对外国语言文学的文献和作品的译介塑造了中国现代性，其学术贡献彪炳史册，为中国学术培育做出了重大贡献。许多西方学术理论、学科都是经过翻译才得以为中国高校所熟悉和接受，如王国维翻译教育学和农学的基础读本、吴宓翻译哈佛大学白璧德的新人文主义美学作品等。这些翻译文本从一个侧面促成了中国高等教育学科体系的发展和完善，社会学、人类学、民俗学、美学、教育学等，几乎都是在这一时期得以创建和发展的。翻译服务对于文化交流交融和促进文明互鉴,功不可没,而翻译学也在经历了语文学、语言学、文化学等转向之后,日趋成熟,如今在让中国了解世界、让世界了解中国,尤其是"一带一路"建设、人类命运共同体构建,讲好中国故事、传递好中国声音等方面承担着重要使命与责任,任重而道远。

20世纪初,外国文学深刻地影响了中国现代文学的形成,犹如鲁迅所言,要学普罗米修斯,为中国的旧文学窃来"天国之火",发出中国文学革命的呐喊,在直面人生、救治心灵、改造社会方面起到不可替代的作用。大量的外国先进文化也因此传入中国,为塑造中国现代性发挥了重大作用。从清末开始特别是"五四运动"以来,外国文学的引进和译介蔚然成风。经过几代翻译家和学者的持续努力,在翻译、评论、研究、教学等诸多方面成果累累。改革开放之后,外国文学研究更是进入繁荣时代,对外国作家及其作品的研究逐渐深化,在外国文学史的研究和著述方面越来越成熟,在文学理论与文学批评的译介和研究方面、在不断创新国外文学思想潮流中,基本上与欧美学术界同步进展。

外国文学翻译与研究的重大意义,在于展示了世界各国文学的优秀传统,在文学主题深化、表现形式多样化、题材类型丰富化、批评方法论的借鉴等方面显示出生机与活力,显著地启发了中国文学界不断形成新的文学观,使中国现当代文学创作获得了丰富的艺术资源,同时也有力地推动了高校相关领域学术研究的开展。

进入21世纪,中国的外国语言学研究得到了空前的发展,不仅及时引进了西方语言学研究的最新成果,还将这些理论运用到汉语研究的实践;不仅有介绍、评价,也有批评,更有审辨性的借鉴和吸收。英语、汉语比较研究得到空前重视,成绩卓著,"两张皮"现象得到很大改善。此外,在心理语言学、神经语言学和认知语言学等与当代科学技术联系紧密的学科领域,外国语言学学者充当了排头兵,与世界分享语言学研究的新成果和新发现。一些外语教学的先进理念和语言政策的研究成果为国家制定外语教育政策和发展战略也做出了积极的贡献。

习近平总书记指出:"要着力推进国际传播能力建设,创新对外宣传方式,加强话语体系建设,着力打造融通中外的新概念新范畴新表述,讲好中国故事,传播好中国声音,增强在国际上的话语权。"为贯彻这一要求,教育部近期提出要全面推进新工科、新医科、新农科、新文科等建设。新文科概念正式得到国家教育部门的认可,并被赋予新的内涵和定位,即以全球新技术革命、新经济发展、中国特色社会主义新时代为背景,突破传统的文科思维模式与文科建构体系,创建与新时代、新思想、新科技、新文化相呼应的新文科理论框架和研究范式。新文科具备传统文科和跨学科的特点,注重科学技术、战略创新和融合发展,立足中国,面向世界。

新文科建设理念对外国语言文学学科建设提出了新目标、新任务、新要求、新格局。具体而言,新文科旗帜下的外国语言文学学科的发展目标是:服务国家教育发展战略的知识体系框架,兼备迎接新科技革命的挑战能力,彰显人文学科与交叉学科的深度交融特点,夯实中外政治、文化、社会、历史等通识课程的建设,打通跨专业、跨领域的学习机制,确立多维立体互动教学模式。这些新文科要素将助推新文科精神、内涵、理念得以彻底贯彻落实到教育实践中,为国家培养出更多具有融合创新的专业能力,具有国际化视野,理解和通晓对象国人文、历史、地理、语言的人文社科领域外语人才。

进入新时代,我国外国语言文学的教育、教学和研究发生了巨大变化,无论是理论的探索和创新,方法的探讨和应用,还是具体的实验和实践,都成绩斐然。回顾、总结、梳理和提炼一个年代的学术发展,尤其是从理论、方法和实践等几个层面展开研究,更有其学科和学术价值及现实和深远意义。

鉴于上述理念和思考,我们策划、组织、编写了这套"新时代外国语言文学新发展研究丛书",旨在分析和归纳近十年来我国外国语言文学学科重大理论的构建、研究领域的探索、核心议题的研讨、研究方法的探讨,以及各领域成果在我国的应用与实践,发现目前研究中存在的主要不足,为外国语言文学学科发展提出可资借鉴的建议。我们希望本丛书的出版,能够帮助该领域的研究者、学习者和爱好者了解和掌握学科前沿的最新发展成果,熟悉并了解现状,知晓存在的问题,探索发展趋势和路径,从而助力中国学者构建融通中外的话语体系,用学术成果来阐述中国故事,最终产生能屹立于世界学术之林的中国学派!

本丛书由中国英汉语比较研究会联合上海时代教育出版研究中心组织研发,由研究会下属29个二级分支机构协同创新、共同打造而成。罗选民和庄智象审阅了全部书稿提纲;研究会秘书处聘请了二十余位专家对书稿提纲逐一复审和批改;黄国文终审并批改了大部分书稿提纲。

本丛书的作者大都是知名学者或中青年骨干，接受过严格的学术训练，有很好的学术造诣，并在各自的研究领域有丰硕的科研成果，他们所承担的著作也分别都是迄今该领域动员资源最多的科研项目之一。本丛书主要包括"外国语言学""外国文学""翻译学""比较文学与跨文化研究"和"国别和区域研究"五个领域，集中反映和展示各自领域的最新理论、方法和实践的研究成果，每部著作内容涵盖理论界定、研究范畴、研究视角、研究方法、研究范式，同时也提出存在的问题，指明发展的前景。总之，本丛书基于外国语言文学学科的五个主要方向，借助基础研究与应用研究的有机契合、共时研究与历时研究的相辅相成、定量研究与定性研究的有效融合，科学系统地概括、总结、梳理、提炼近十年外国语言文学学科的发展历程、研究现状以及未来的发展趋势，为我国外国语言文学学科高质量建设与发展呈现可视性极强的研究成果，以期在提升国家软实力、构建人类命运共同体过程中承担起更重要的使命和责任。

感谢清华大学出版社和上海时代教育出版研究中心的大力支持。我们希望在研究会与出版社及研究中心的共同努力下，打造一套外国语言文学研究学术精品，向伟大的中国共产党建党一百周年献上一份诚挚的厚礼！

罗选民　庄智象
2021 年 6 月

前　言

对比语言学自20世纪50年代发端以来，已历经近70年的发展，出现了三次高峰期。第一次高峰期是50至60年代，以提出并证伪"对比分析假设"（contrastive analysis hypothesis）为主要特征。第二次高峰期是70至80年代，以提出并证伪"偏误分析"（error analysis）为主要特征。第三次高峰期始于90年代末期，时至今日仍方兴未艾，以对比分析与翻译研究的融合为主要特征，特别体现在语料库驱动型的基于对比分析的翻译研究上面。

但在新时代里，对比语言学仍然面临不少问题，主要体现在以下几个方面。一是研究对象局限于少数（两种）自然语言，而对两种语言之间的互动影响研究缺乏关注和思考。二是研究层面关注度参差不齐，语言本体层面上，学界关注度较高，体现为范畴、单位、结构的对比研究长足发展；"形而下"的语言应用层面上，在语料库语言学的"桥接"作用下，对比分析与翻译研究的融合呈现勃兴之势，但学界对这一研究路径潜在的问题认识不足；而在"形而上"的语言世界观层面上，缺乏创新性成果。三是在研究方法上，科学实证研究不足，特别是在对比分析与翻译研究的融合研究上，体现在善归纳而少验证。

要破解上述问题，本书认为需要从四个方面入手：

一是将作为"第三语码"的翻译语言引入对比分析的研究对象里，从而使对比语言学的研究对象从两种自然语言拓展为涵盖了"第三语码"的翻译语言，进而使传统对比分析中的两种自然语言间的对比关系拓展至更为广阔的范围，涵盖了源语与目的语（两种自然语言间的系统比较）、原创语言（往往是目的语原创语言）与翻译语言（翻译语言对原创语言的演化影响研究）、源语与翻译语言（源语对翻译语言的影响研究）、翻译语言与翻译语言（体现为翻译语言共性研究），以及基于源语与目的语对比分析的翻译研究。上述这些对比关系体现出明显的相互影响特征，因而具有动态性，可称之为"动态对比语言学"，而传统的对比分析则可以称为"静态对比语言学"。

二是以语言世界观来观照语言本体上的对比分析。对比语言学的探索不仅限于其研究目标和理论框架的突破，因为语言对比研究注定要与不同语言文化和文明密切关联，决定了它的又一项重要使命，即在不同语言民族的沟通交流和文明互鉴中发挥重要作用。这就是对比语言学的"形而上"研究。以往的对比语言学"形而上"研究失之于笼统，失之于散漫。本书以语言类型学视野来考察汉英民族在形态、词汇以及语法结构上的差异，通过这些差异所反映的民族心理认知不同，考察汉英民族对"物""事"的认知思维特点；从语言中最为细小的结构出发，上升到词的层面，再到语法结构的层面，反复论证一个统一的观点，即汉语民族具有"物""事"合一观，而英语民族具有"物""事"分立观。这一对比分析的方法论为对比语言学的"形而上"研究确立了一个新范式。

三是在"形而下"的层面上，以蕴涵定律锚定对比分析与翻译研究之间的内在逻辑关系。对比分析与翻译研究于20世纪90年代末期逐渐融合，学界多认为这是在语料库语言学的"桥接"作用下，对比分析与翻译研究产生相互"共栖"关系的结果。然而这其实只是揭示了对比分析与翻译研究之间关系的表象，并最终导致基于对比分析的翻译研究走上"语料库驱动型"研究路径，产生一系列问题，包括语料库的平衡使用问题、逻辑割裂问题以及得出扭曲性结论问题。因此，本书第9章重点论述了对比分析与翻译研究之间关系的实质，即二者之间是"蕴涵关系"，对比分析蕴涵翻译研究，并将这一关系定位为"If P, then Q"的复合逻辑命题。如此一来，对比分析和翻译研究就被整合在一个完整的命题里，使得基于对比分析的翻译研究成为浑然一体的研究整体。要使得"If P, then Q"的复合命题成立，作为前件的对比分析假设、作为后件的翻译策略假设都需要得到证实，证实的语言数据正是分别来自双语语料库和平行语料库。这就使语料库的功能从传统的"驱动"功能转变为"检验"功能；同时，对应规律假设需要双语语料库数据加以验证，翻译策略假设需要平行语料库数据加以验证，从而解决了语料库使用的不平衡问题；再者，不同语料库的平衡使用也规避了单用平行语料库可能导致的扭曲性结果问题。

四是以科学实证方法论来建构"语料库检验型基于对比分析的翻译研究"（CT-CATS）路径。在解决了 CT-CATS 实证研究模式的理论机理的基础上，本书第9至第10章提出了基于对比分析的翻译实证研究的新的方法论，即"五步循环法"，并加以例证。这一"语料库检验型"的研究路径，取自经典的实证科学"实证循环"原则，涵盖了观察、归纳、演绎、检验和评估五个子环节。由于对比分析蕴涵翻译研究是一个复合命题（If P, then Q），复合命题的成立与否，依赖于前件命题和后件命题的两个环节的检验，每个环节都需要一个完整的"五步循环法"来完成检验程序，由此提出了"实证双循环"说，进一步丰富和发展了传统的实证科学方法论。

上述四个方面，在本书的前十章框架内，由语言本体研究开始（第1章和第2章），由本体研究到"形而上"宏观探究（第3章至第6章），再由本体研究到"形而下"的应用探讨（第7章至第10章），体现着对比语言学新发展研究的完整逻辑架构和理论体系。若能对对比语言学界的研究有所启迪和裨益，是吾志也。

尚 新

2023 年 10 月

目 录

第 1 章 绪论 ·· 1
    1.1 对比语言学定义流变 ································· 1
    1.2 对比语言学与相关领域的分野 ······················· 7
    1.3 "第三语码"与对比分析 ···························· 11
    1.4 动态对比语言学的内涵及描写模型 ················· 16
    1.5 本书研究框架 ·· 23

第 2 章 类型学视野与语言对比研究 ······················· 25
    2.1 引言 ·· 25
    2.2 语言类型学 ·· 27
    2.3 对比分析的"形而上"与"形而下" ··············· 30
    2.4 语言类型学与对比语言学 ··························· 34
    2.5 本章小结 ·· 41

形而上篇

第 3 章 对比语言学的"形而上" ···························· 45
    3.1 引言 ·· 45
    3.2 "形而上"即语言世界观 ···························· 45
    3.3 对比分析"形而上"的意义 ························ 49
    3.4 本章小结 ·· 51

第 4 章　类型学视野下汉英名词的数范畴 ···················· 53
- 4.1　引言 ··· 53
- 4.2　名词指称功能与汉英名词的类型学特征 ············· 53
- 4.3　名词区分的显性类型学特征 ··························· 56
- 4.4　名词内部转类机制 ······································· 60
- 4.5　量词"个"的"打包"功能 ······························ 64
- 4.6　汉英名词数范畴里的世界观 ···························· 78
- 4.7　本章小结 ··· 79

第 5 章　类型学视野与汉英时体范畴 ······························ 81
- 5.1　引言 ··· 81
- 5.2　时态、体态和事态 ·· 81
- 5.3　时体在汉英语言里的争论 ······························· 90
- 5.4　汉英语言时体类型学差异 ······························· 92
- 5.5　时体类型突显与语言世界观 ··························· 103
- 5.6　本章小结 ··· 107

第 6 章　类型学视野下汉英事态句量化对比 ·················· 109
- 6.1　引言 ·· 109
- 6.2　有关 T-型句的前期研究 ································ 112
- 6.3　T-型句构的事件性及其时间句法表征 ················ 113
- 6.4　T-型句构中的量化及其与英语比较 ··················· 118
- 6.5　汉英事态句量化与语言世界观 ························ 124
- 6.6　本章小结 ··· 125

形而下篇

第 7 章 对比语言学的"形而下" ……………………… 129
    7.1 引言 …………………………………………………… 129
    7.2 对比分析与外语教学 ………………………………… 129
    7.3 对比分析与翻译研究 ………………………………… 131
    7.4 早期语言学路径的翻译研究 ………………………… 132
    7.5 本章小结 ……………………………………………… 137

第 8 章 对比分析与翻译研究 ……………………………… 139
    8.1 引言 …………………………………………………… 139
    8.2 对比分析与翻译研究的融合 ………………………… 140
    8.3 语料库驱动研究路径反思 …………………………… 144
    8.4 本章小结 ……………………………………………… 151

第 9 章 蕴涵关系与基于对比分析的翻译研究 …………… 153
    9.1 引言 …………………………………………………… 153
    9.2 对比分析蕴涵翻译研究 ……………………………… 153
    9.3 蕴涵关系与语料库验证 ……………………………… 159
    9.4 本章小结 ……………………………………………… 166

第 10 章 CT-CATS 实证研究例析 ……………………… 169
    10.1 引言 ………………………………………………… 169
    10.2 汉英事态句对比分析的时间语义基础 …………… 170
    10.3 基于对比分析的事态句翻译实证研究 …………… 172

10.4　英语现在时事态句及其汉译策略 …………………… 176
10.5　本章小结 …………………………………………………… 186

第11章　总结 …………………………………………………… 189

参考文献 ……………………………………………………………… 193
附录 …………………………………………………………………… 211
术语表 ………………………………………………………………… 219

图 目 录

图 1–1　理论对比语言学 3
图 1–2　应用对比语言学 3
图 1–3　"第三语码"在对比分析框架中的地位之间 15
图 1–4　传统对比分析框架体系 16
图 1–5　拓展的对比分析框架体系 17
图 1–6　拓展的对比分析框架中的自然语言对比 18
图 1–7　源语 – 译语 – 目的语对比 19
图 1–8　翻译语言共性研究 20
图 1–9　基于对比分析的翻译策略推导 21
图 1–10　译语对目的语的调节研究 22
图 1–11　两种自然语言对比和基于对比分析的翻译研究 23
图 2–1　语言类型学与对比语言学的契合点和差异 36
图 4–1　事件进展状态 74
图 5–1　语义体内在时间结构的三个阶段 86
图 5–2　英语体范畴的分类 97
图 5–3　汉语体范畴内部的对立及其与英语比较 101
图 5–4　汉语体范畴的分类及系统性 102
图 5–5　汉英语言时体突显程度演示 102
图 5–6　奥格登和瑞恰慈的"语义三角" 103
图 7–1　奈达的翻译三阶段系统模型 136
图 8–1　语料库的三种基本类型 146
图 9–1　科学研究的实证循环 162
图 9–2　CT-CATS 与科学研究实证循环的吻合性 163
图 9–3　对比分析与翻译研究之间的"if P, then Q"蕴涵关系 164
图 10–1　英语现在时态 176

表 目 录

表 1–1　中西对比语言学界关于对比语言学内涵的认知变迁 ……………… 6
表 1–2　源语、目的语与译语的词类分布 …………………………………… 16
表 4–1　英语可数名词与不可数名词的形态 – 句法区分标准 ……………… 58
表 4–2　威克纳（Vikner, 1994）对事件性的分类 …………………………… 66
表 4–3　语义素元与事件性 …………………………………………………… 66
表 4–4　名词性指称域与动词性指称域的对应 ……………………………… 67
表 4–5　"V 个 VP"与典型述宾结构的事件性特征对比 …………………… 71
表 5–1　语义特征组合与事态类型 …………………………………………… 85
表 5–2　汉语体标记分类 ……………………………………………………… 101
表 6–1　事态及其分类 ………………………………………………………… 114
表 6–2　事件句的分类维度及子类 …………………………………………… 116
表 6–3　汉语 T- 型句构与英语"V +（N）+ FOR T"句构对比 ………… 125
表 9–1　蕴涵式真值表 ………………………………………………………… 154
表 9–2　时代与文体因素对译文的影响 ……………………………………… 158
表 9–3　语料库验证型基于对比分析的翻译研究程序 ……………………… 161
表 10–1　英语时体参数及时体类别 ………………………………………… 175
表 10–2　英语事态类型及其内在时间特征 ………………………………… 175
表 10–3　英语现在时状态句的汉译策略 …………………………………… 187
附表 1　英语原文语料库中的"want"现在时态句 ………………………… 211
附表 2　汉语原文语料库中"想要 / 要"的事态句 ………………………… 218

第 1 章
绪　　论

1.1　对比语言学定义流变

　　对比语言学（contrastive linguistics）[1]，顾名思义，是将两种或两种以上语言进行对比分析的语言学分支学科。美国语言学家拉多（Robert Lado，1915—1995）所著《跨文化语言学》（*Linguistics Across Cultures*，1957），首次将"对比"（contrast）这一术语用于实际的语言分析过程[2]，提出了"对比分析假设"，即通过系统比较学生母语的语言文化和目的语的语言文化，可以预测并描写语言学习中哪些模式学起来困难，哪些模式学起来容易（Lado，1957：前言）。虽然拉多并没有给"对比分析"或"对比语言学"下过定义，但从他提出的假设来看，拉多对该学科的定位相当明确，其中包含：（1）系统比较两种语言和文化；（2）研究目标是预测难易程度，以指导外语教学和学习；（3）方法论上从目的语的元素或结构出发，看母语中是否存在该元素或结构，再

---

[1] 本书对"对比语言学"、"对比分析"（contrastive analysis）及"对比研究"（contrastive studies）三个术语暂不加区分，互换使用。读者可参阅王菊泉（2011：2-3）对这三个术语的不同之处所做的概括。

[2] 根据科尔采斯佐夫斯基的研究，"对比"一词首次用来指跨语言间的不同现象是在18世纪末期，皮克本（James Pickbourne）于1789年首次使用该词时说："我认为，将英语中的动词与其他语言中的动词进行对比会比较有用处"（Pickbourne，1789：18，转引自 Krzeszowski，1990：2-3）。另据潘文国和谭慧敏的研究，德国哲学家、语言学家洪堡特在1820年出版的《语言比较研究与语言发展不同阶段的关系》（*On the Comparative Study of Language and Its Relation to the Different Periods of Language Development*）中就使用了"对比"这一概念（潘文国、谭慧敏，2018：43）。

预测难易度;(4)学科性质上,该学科是应用语言学科;(5)理论基础方面,该学科以心理学为基础,如"迁移"(transfer)等核心概念的引入。

继拉多之后,詹姆斯(Carl James)于1980年出版了《对比分析》(*Contrastive Analysis*)一书,是以"对比分析"为学科名称的第一部专著。詹姆斯将对比分析定义为:"对比分析是语言学的一支,基于语言可比的假设,旨在得出反向的(即对比的,而非比较的)二值类型(对比分析总是关注一个语对)"(James, 1980: 3)。从中可看出:(1)对比分析的研究对象为一个语对(a pair of languages);(2)研究目标是发现两种语言间反向的二值类型,亦即关注语言差异;(3)方法论是描写、并置、比较("三步法");(4)对比分析兼具理论性和应用性,侧重应用;(5)学科理论基础为心理学,特别是"迁移理论"(transfer theory)。詹姆斯认为,对所有语言来说,深层结构皆同,差异存在于语言表层。因此,在詹姆斯看来,"对比"这一概念,隐含着对语言间表层结构差异的更多关注(James, 1980: 2-3)。另外,尽管拉多和詹姆斯都提到了"对比"研究的应用语言学性质,但二者的内涵并不相同。拉多所讲的"应用语言学",侧重在对比研究是应用性研究,不具备纯理论研究的层次;而詹姆斯所谓的"应用语言学"在定位上比拉多的定位更高,是一种跨学科的应用性研究。

为了进一步提升对比语言学的学科地位,菲齐亚克(Jacek Fisiak)将对比语言学定位成理论语言学的一支,是"语言学的一个分支领域,关注两种或两种以上语言或语言子系统之间的比较,目的是确定其差异和近似之处"(Fisiak, 1981: 1)。从中可看出:(1)对比语言学的研究对象是两种语言或语言子系统(如标准英语与标准汉语);(2)研究目标是确定语言间的差异和近似之处;(3)研究方法是,首先提出恰当的比较模型,再确定可比性元素,最后明确这些元素之间是否全等(congruence)、对等(equivalence)或对应(correspondence)(Fisiak, 1981: 2);(4)学科性质同其他语言学分支一样,具有理论和应用分野;(5)理论基础是普遍语法思想。与拉多和詹姆斯不同,菲齐亚克并没有将对比语言学视为应用语言学科,而是认为对比语言学与其他语言学分支一样,具有理论与应用的分野,分别称为"理论对比语言学"和"应用对比语言学"。

理论对比语言学独立于任何具体语言,其探究目标是,一个普遍范畴 X 在 A 语言与 B 语言里分别是怎样实现的(见图 1-1);而应用对比语言学的任务是,一个范畴 X 在 A 语言里实现为 X(a),B 语言里与 X(a)对应的是什么(见图 1-2)(Fisiak,1981:2)。

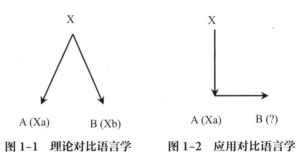

图 1-1　理论对比语言学　　图 1-2　应用对比语言学

菲齐亚克对理论对比语言学的这一定性,隐含着普遍语法思想:各语言通过不同参数来实现人类语言的共同原则。在菲齐亚克看来,应用对比语言学凭借理论对比研究的发现,探究如何将这些发现应用到社会实践中去,如外语教学、翻译实践以及词典编纂等。

在对比语言学的学科地位上,如果说菲齐亚克前行了一大步,科尔采斯佐夫斯基(Tomasz P. Krzeszowski,1990)则倒退了一大步。科氏于 1990 年以"对比语言学"为题出版了《语言对比:对比语言学的范围》(*Contrasting Languages: The Scope of Contrastive Linguistics*)一书。该著以乔姆斯基(Avram Noam Chomsky,1928—)的转换生成语法为指导,提出了"对比生成语法"(contrastive generative grammar)模型。科氏认为,对比语言学是"语言学的一个分支领域,采用某种语言学理论,对两种或两种以上的语言进行比较描述。这些语言之间不必在基因上或类型学上有所关联"(Krzeszowski,1990:10)。从中可以看出:(1)对比语言学的研究对象为两种或两种以上的语言;语言对比发生在不同基因、不同类型的语言之间;(2)研究目标是对语言间的共性和差异并重描述;(3)研究方法是描写、并置、比较;(4)学科性质具有理

3

论对比和应用对比两个不同层次;(5)对比语言学不具学科独立性,是理论"消费者"(consumer);对比成功与否,严重依赖于所采用的理论(如生成语法理论、认知语言学理论等)。

科氏之所以放弃对比语言学的学科独立性,有着深刻的时代背景。在20世纪80年代,对比语言学正面临来自学界的普遍质疑。不少学者认为,对比语言学既未能证明其最初的"对比分析假设"(Wardhaugh, 1970),也未能证明它在20世纪70年代发生的"偏误分析"(error analysis)转向中发挥了有效作用(潘文国、谭慧敏,2018:89)。这直接导致了对比语言学在欧美再次跌入低谷,成为语言研究领域里的"灰姑娘"。

就在对比语言学在西方陷入低谷的同时,这一学科在东方的中国开始呈现出勃勃生机。1977年5月,吕叔湘应邀在北京语言学院演讲,同年在《语言教学与研究》试刊第二集上发表了该演讲稿,题为《通过对比研究语法》。他(吕叔湘,1977)在该文里说,一种事物的特点,要跟别的事物比较才显现出来,又说,要认识汉语的特点,就要跟非汉语比较;要认识现代汉语的特点,就要跟古代汉语比较;要认识普通话的特点,就要跟方言比较。此文为语法的全面比较研究吹响了号角,引发了20世纪八九十年代中国对比语言学研究的勃兴局面。许余龙的《对比语言学》(1992)、潘文国的《汉英语对比纲要》(1997)以及柯平的《对比语言学》(1999/2008)无不站在学科体系建构的高度,探讨对比语言学的学科理论问题。

许余龙(1992/2002:4)认为,对比语言学是"语言学中的一个分支,其任务是对两种或两种以上的语言进行共时的对比研究,描述它们之间的异同,特别是其中的不同之处,并将这类研究应用于其他有关领域"。从该定义及许氏后续著述(如许余龙,2010,2017)来看:(1)对比语言学的研究对象是两种或两种以上的(自然)语言;(2)研究的目标是描述异同,重在求异,但最终目标是为语言共性/普遍性服务;(3)对比参项(tertium comparationis,简作TC)是对比研究的方法论基础;(4)对比语言学分理论对比和应用对比两个领域;(5)理论基础是普遍语法思想和语言类型学。可以看出,许氏的语言对比研究有着鲜明的语言共性追求，其方法论也承继了菲齐亚克（Fisiak，1981）的基本框架，即从对比参项出发，通过语言对比研究不断丰富语言共性特征。

许余龙将"理论对比语言学"平行于"理论语言学"，从而在菲齐亚克对比思想（Fisiak，1981）的基础上进一步巩固了对比语言学的学科地位，而潘文国（1997）、潘文国和谭慧敏（2006：252-253；2018：493）进一步提升了对比语言学的学科地位，认为对比语言学"是在哲学语言学指导下的一门语言学学科，具有理论研究和应用研究的不同层面，旨在对两种或两种以上的语言或方言进行对比研究，描述其中的异同特别是相异点，并从人类语言及其精神活动关系的角度进行解释，以推动普通语言学的建设和发展，促进不同文化、文明的交流和理解，促进全人类和谐相处"。从中可以看出（王菊泉，2011：2）：（1）对比语言学的研究对象是两种或两种以上的语言或方言；（2）研究目标不仅在于找出语言间的异同，还在于从人类语言与精神活动的关系中寻求对异同的解释；最终目标则是"推动普通语言学的建设和发展"以及"促进全人类和谐相处"，也就是"求和"（潘文国、谭慧敏，2018：610）；（3）方法论上除了承继潘文国（1997）所主张的"从内到外，从母语到外语"之外，还要实现在描写基础上的、从语言世界观出发的解释；（4）对比语言学具有本体语言学的学科地位，而不是某个分支语言学的附庸；（5）哲学语言学［特别是洪堡特（Wilhem von. Humbolt，1767—1835）的语言世界观］是对比语言学的哲学基础。潘文国和谭慧敏（2018）认为，对比语言学的上位学科是哲学语言学，而不是哪一种具体的语言理论（如语言类型学理论、认知语言学理论等），"对比语言学就是普通语言学"，从而将对比语言学的学科地位提升到了前所未有的高度。在方法论上，与以往研究者讲求对比分析的预测力不同，他们讲求对比描写，并从语言世界观来解释对比描写；在研究目标上，与以往学者所论的"求异"或"求同"不同，他们强调"求和"。

以上梳理反映了对比语言学从应用性到理论性不断加强、学科地位不断提升的过程。若以研究对象、研究目标、研究方法、理论/应用性、理论基础五个方面为观察点，可以梳理比较如下（见表1-1）。

表 1-1 中西对比语言学界关于对比语言学内涵的认知变迁

内涵方面 代表人物	研究对象	研究目标	研究方法	学科性质	理论基础
Lado（1957）	两种语言和文化	预测外语学习难易	从目的语元素或结构出发进行对比	应用语言学	心理学
James（1980）	一个语对	发现两种语言间反向的二值类型	描写、并置以比较	语言学分支，兼具理论和应用性	心理学
Fisiak（1981）	两种语言或两种语言子系统	确定语言间的差异和近似	出模型、定元素、对等对应明确全等	语言学分支，兼具理论和应用性	普遍语法思想
Krzeszowski（1990）	两种或两种以上语言	并重描述语言间的同和异	描写、并置、比较	语言学分支，兼具理论和应用性	某语言理论（如转换生成语法）
许余龙（1992）	两种或两种以上语言	描述异同，重在求异；最终目标是人类语言普遍性	基于对比参项的多步骤对比分析	语言学分支，含理论和应用层面	普遍语法、语言类型学
潘文国（1997/2002） 潘文国、谭慧敏（2018）	两种或两种以上语言或方言	察异同，求解释；推动普通语言学发展，促进人类和谐	以描写为基础，从语言世界观出发求解释	本体语言学，分理论和应用层面	语言世界观，哲学语言学

6

表 1-1 显示，在对比语言学的研究目标、研究方法、学科性质以及理论基础等方面，学界的认识各不相同，唯独在研究对象上高度一致，那就是"两种或两种以上语言"，这里的"语言"是指自然语言，并不包含任何中介语（interlanguage）。从研究实践来看，鲜有学者将自然语言与中介语、中介语与中介语进行系统的对比分析。传统认为，对比分析主要关注两种语言之间的比较：母语与外语（就语言教学而言）、源语与目的语（就翻译而言）以及第一语言与第二语言（就双语制而言）（König，2012）。但上述任何一类"语对"（language pair）仅包含两种自然语言的系统性比较，尽管在潘文国和谭慧敏（2018）的定义中涉及"方言"的问题，但方言仍属于自然语言（如汉语）的内部问题。

近年来，翻译语言作为"第三语码"（the third code）日益受到学界关注。由于翻译语言是两种自然语言之间的介语，与源语和目的语二者之间有着天然的纠葛关系，对比语言学的内涵拓展到作为"第三语码"的翻译语言，也就是自然而然的事情了。

1.2 对比语言学与相关领域的分野

对比语言学的基本概念、核心术语及其基本研究方法论，是该学科领域独立于其他相关领域的关键所在。潘文国（1997/2002）重点区分了对比语言学与（历史）比较语言学，尚新（2013）和许余龙（2017）着重探讨了对比语言学与语言类型学的关系。以下将简要梳理对比语言学与描写语言学、对比语言学与翻译学之间的分野。

1.2.1 对比语言学的理论支撑要素

对比语言学的理论框架支撑要素包括其基本概念术语和基本研究方法论。对比语言学的基本概念包括对比、语对、对比参项、共性

（commonality）、相似（similarity）、差异（disparity）、对应、语言世界观（linguistic world view）等。

"对比"这个核心概念是拉多于1957年出版的《跨文化语言学》一书中提出的。同时提出的其他术语包括"相近""相异"等，即对比分析是在两种或两种以上语言之间寻求异同的活动，体现在拉多声称"那些与[学习者]母语相近的元素学起来容易，而那些相异的元素学习起来困难"（Lado，1957：前言）。

"语对"的概念是詹姆斯在《对比分析》（1980）一书中首次提出的，"对比分析是语言学的一支，基于语言可比的假设，旨在得出反向的（即对比的，而非比较的）二值类型（对比分析总是关注一个语对）"（James，1980：3）；对比分析涉及SL-TL语对，即源语（source language，SL）和目的语（target language，TL）两个语言系统，而不是两个语言系统的言语产品，即ST-TT文本对[source text (ST)-target text (TT)]。

同时，要对两种或两种以上语言进行对比，有必要选择"一个共同出发点"（a common point for departure）（James，1980：42），称为"对比参项"。虽然詹姆斯与其后学者科尔采斯佐夫斯基都提出了对比分析中的"对应"与"对等"问题；但首次提出"对比参项"和"类型"基本概念的则是科尔采斯佐夫斯基（Krzeszowski，1990）。基于对比参项的对比分析，可以发现源语与目的语之间同义或同功能的不同表达形式（语音的、词汇的、句子的）。正如詹姆斯（James，1980：40）针对二语习得所声称的那样，"我们可以发现，L_1用一种手段来承载一种意义，到了L_2里却用的是另一种手段承载相同的意义"。我们将SL和TL里表达相同意义或相同功能的不同形式称为"对应成分"（correspondent），相应的现象则称为"对应"。

对比分析不仅拥有自身的技术概念，而且拥有独特的方法论。詹姆斯的《对比分析》（1980）开创了基本的"两步方法论"，这一点广为人知，"对比分析包含两步：第一步，描写阶段，两种语言都在适当的层次上得到描写；第二步，并置比较阶段（juxtaposition for comparison）"（James，1980：30）。该两步法在科尔采斯佐夫斯（Krzeszowski，

1990：35）的模式里被重新阐释为"三步法"，"经典的对比分析包含三步，尽管在分析里并非总很明晰，但总被认可：（1）描写；（2）并置；（3）比较"。以上讨论了对比分析的基本概念和基本方法论，这是我们将对比分析与邻近学科领域加以区别的基础，比如描写语言学和翻译研究。

1.2.2 对比语言学与描写语言学和翻译研究

对比语言学的相关技术概念和方法论使其有别于描写语言学。描写语言学旨在描写语言模型，而对比分析则是对两种语言的模型进行比较。研究者选定比较点，即对比参项，然后来确定两种语言是相近还是不同。对比参项的大致意思是共同属性（common attribute），科尔采斯佐夫斯基将其定义为"所有的比较包含着这样一个基本假设：所要比较的事物拥有某种共性，基于此来阐述差异。这种共同的平台称为'对比参项'"（Krzeszowski，1990：15）。科氏认为，对比语言学之所以持续扮演着"语言学的灰姑娘"角色，在很大程度上归因于其最基本的概念，"对比参项"仍然处在界定不清的状况。然而，尽管"对比参项"概念存在着这样那样的问题（许余龙，2007），但是一直被学界广泛使用。

本研究承继"对比参项"的概念，它所涵盖的共同属性除了语义和功能性特征之外，甚至可以包括形式上的普遍特征［语序、被动结构、动词拷贝结构（verb copying construction），等等］。基于对比参项，对比分析学者旨在发现语言间的共同点和差异。语言之间常有不同，比如汉语和英语在数的表达手段上不同，英语要求单数和复数的对立，汉语不需要；但汉语在表达数量时通常需要量词匹配，而英语不需要。

就主要的技术概念而言，对比分析也有别于翻译研究（translation studies）。首先，就研究对象来说，对比分析是在语言系统的层面上来探讨的，是语对（SL-TL）问题，而翻译是就语言产品的层面而言的，是文本对（ST-TT）问题。有些对比分析学者可能既要在语言系统层面又要在文本材料层面上处理研究问题，但从不仅仅在文本材料层面上来探究相关问题，如肖忠华和莫克恩讷里（Xiao & McEnery, 2004）、尚新（2014a）等。在对比分析过程中，若把一种语言作为源语（SL），另一种语言作为目的语（TL），SL-TL 语对是作为两个不同的语言系统存在的（如英语语言系统和汉语语言系统）。这样我们就可以将英语作为源语，检视其如何表达数的概念，并在此基础上检视其在汉语里的对应成分是什么。而在翻译研究里，有源文本（ST）与目的文本（TT）之别，文本对（ST-TT）以两套文本集的形式存在，这与语言系统有着本质的区别。当然，其间的关联也是显而易见的，源文本是源语的产品，目的文本是目的语的产品。翻译过程就是要在目的语中找到与源文本表达成分对等的表达形式。

对比分析与翻译研究还有一点不同，即对比分析的立足点是对应，而翻译研究的立足点是对等。首先，以索绪尔的语言（langue）和言语（parole）区分来对标的话，对应和对等属于不同的参数指标。科勒（Koller, 1979）认为，"对应"属于对比分析领域，是对两个语言系统的比较，因而归于索绪尔所谓的"语言"参数；"对等"关涉到具体的 ST-TT 文本对和语境问题，因而归于索绪尔所谓的"言语"参数。

其次，这两个概念的阐释域不同，"对应"作为对比分析的立足点，通常阐释为所比语言的形式或结构状态，直接指向"对比参项"。而"对等"的阐释比"对应"更为宽泛。以奈达对"对等"的使用而言，在其《翻译的科学》一书中为该术语提供了三个阐释的维度：形式对等（formal equivalence）、动态对等（dynamic equivalence）以及等效（equivalent effect），分别聚焦形式、接受者和信息三个维度。"形式对等聚焦于信息本身，既是形式上的，也是内容上的……关注接受者语言中的信息与源语中的不同元素尽可能地匹配。"（Nida, 1964: 159）由此可见，"形式对等"实际上具有源语文本导向性。莫迪（Munday, 2001: 41）评价道：

"形式对等高度地导向源语文本结构,该文本结构对(翻译的)精确性和正确性发挥着强力影响。这类翻译最为典型的就是'释译'(gloss translation),最贴近源文本结构,通常附有学术性注释,使得学生(这类翻译常常用于学术环境里)近距离接触源语文化的语言和风俗。"

而"动态对等"是基于奈达所称的"等效原则","接受者与信息的关系在实质上达到原文接受者与信息之间的关系相同"。(Nida,1964:159)信息要根据接受者的语言需要和文化期待进行裁剪,"目标是达到表达的完全自然程度"(同上)。根据莫迪(2001:41)的观察,这一接受者取向的路径认为,为了达到自然性,语法、词汇和文化所指的调节是关键的,目的语文本不应体现出源语文本的影响。正如科尔采斯佐夫斯基(Krzeszowski,1990:17)所言,翻译对等通常意味着在语义上是不对等的。此外,对比分析可以在没有翻译参与的情况下开展,而翻译研究在缺少源语和目的语对比的意识情况下是难以开展的。

1.3 "第三语码"与对比分析

自20世纪90年代以来,随着对比语言学与翻译研究的结合日趋深入,学界对翻译语言作为"第三语码"具有相对独立性亦渐成共识。如此一来,在对比语言学研究传统里所接受的两种自然语言之间,不仅出现了介于二者之间的"第三语码",而且产生了两种自然语言与"第三语码"三者之间的复杂互动影响关系。这些复杂关系有必要纳入对比语言学的考察视野,从而导致对比语言学的学科内涵拓展,进而引发对比语言学在理论路径和方法论上的重要变化。

1.3.1 翻译语言：对比分析中的"第三语码"

自 20 世纪 90 年代以来，科技发展日新月异，语料库、大数据和人工智能已成当代主要发展特征，语言学包括对比语言学与语料库和大数据日趋融合，这在 20 世纪 90 年代已初露端倪，发展势头渐趋强劲，国外相关研究产出了大量的基于语料库数据的语言对比与翻译相结合的研究成果，如贝克（Baker，1993，1996）、约翰逊（Johansson，1998，2003，2007，2008）、约翰逊与哈塞尔加德（Johansson & Hasselgård，1999）以及格朗热（Granger，1996，2003）等，特别是翻译语言作为一种独立于源语和目的语的中介语特征受到了特别的关注。

翻译语言是指译者在完成将甲语言转换成乙语言的翻译行为所产生的翻译话语（包括文本的和口语的）总称。翻译语言作为"第三语码"的概念最初是由弗劳雷（William Frawley）于 1984 年提出的："翻译本身……在本质上是'第三语码'，该语码由基体语码和目的语语码的双面考虑所引起：在某种意义上，该语码是所涉及的每一种语码的子语码。"（Frawley，1984：168）"第三语码"的体现形式就是译语（translationese）（Hopkinson，2007），较为中性的术语则是翻译语言（translational language）。

我们首先对所涉及的术语和概念做些区分。第一个关系对是源语与目的语。这是在讨论异语文本之间关系时所用的术语，当我们把甲语言（L_1）翻译为乙语言（L_2）时，甲语言就是"源语"，乙语言就是"目的语"。第二个关系对是原语（original language）与译语。这是在讨论同语文本之间关系时所用的术语，当我们考察原创的甲语言文本（L_1）与从其他语言翻译过来的甲语言文本（TL_1）时，原创的甲语言就是"原语"，也常称为"原创语言"（如原创汉语、原创英语等）；从其他语言翻译过来的甲语言就是"译语"，也常称为"翻译语言"（如翻译汉语、翻译英语等）。学界对"原语"和"源语"两个术语一直处于混用的状态，往往均指向英语里的"source language"（源语），但在本书里这二者的内涵有所不同。

1.3.2 翻译语言作为"第三语码"

桑托斯（Santos, 1995: 60）认为，翻译语言研究包括三个方面：一是所有翻译产品的属性，即翻译共性（universal of translation）（Baker, 1993）；二是特定语言间翻译产品的属性，即翻译语言的属性；三是某个或某类翻译产品反映出来的语言特征（王克非、秦洪武，2009）。这一认识源起于以色列学者布拉姆-库尔卡（Blum-Kulka, 1986）提出的翻译语言"明晰化假设"（explicitation hypothesis）。随后，贝克（Baker, 1993）又提出了"翻译共性假说"，即相对于源语和目的语而言，翻译语言有其共性特征，包括显化（explicitation）、简化（simplification）、消歧（disambiguation）、规范化（conventional grammaticality）、避免重复以及夸大目的语原创语言的特征等特点。拉维奥莎（Laviosa, 2002）对翻译共性假说做了进一步发展，将规范化（normalization）、整齐化（levelling out）和集中化（convergence）等特征也纳入翻译共性特征范围，这些共性特征成为翻译语言作为"第三语码"内涵的重要组成部分。

为了验证上述翻译语言的共性假设，国内外学者近年来做了大量基于语料库的数据分析研究。奥弗拉斯（Øverås, 1998）基于英语-挪威语双向平行语料库，将译语文本与原语文本进行对比，发现译语文本在词汇、句子、篇章衔接标记等方面均呈现出明晰化倾向，从而验证了布拉姆-库尔卡提出的"明晰化假设"。豪斯（House, 2011）论述了如何运用语料库方法考察英语怎样通过翻译和多语文本生成等语言接触方式引发并推动目的语的历时演化。

在基于语料库的翻译语言研究方面，国内的研究进展也令人瞩目。王克非和胡显耀（2008）探讨了翻译汉语的特征，发现翻译汉语与原创汉语相比，具有词语变化度偏低、词汇密度偏低、虚词显化、指代方式显化以及常用词频率增加等特征。王克非和秦洪武（2009）的研究发现，同汉语原创文本相比，翻译汉语文本语言的类符/型符比偏高，句段偏长；翻译汉语扩大了汉语某些结构式的容量。赵秋荣和王克非（2013）则从历时维度考察，发现翻译语言具有阶段性特征，诸如"显化""明晰化"等特征作为翻译共性的论断，仅在翻译处于整个文学系统的边缘位置时方可成立。王克非和秦洪武（2017）也考察了汉语的发展变化与翻译汉语之间的关联，侧重分析翻译语言在现代汉语发展过程中所起到的作用。

翻译语言作为"第三语码"的独立性来自两个方面的对比。一是源语与翻译语言对比，侧重于发现和验证翻译语言的共性特征，即"翻译共性假说"（Baker，1993），如奥弗拉斯（Øverås，1998）、王克非和胡显耀（2008）等；也有些研究结果使"翻译共性假说"受到了一定的挑战（如王克非、秦洪武，2009；赵秋荣、王克非，2013；等）。但总的来看，翻译语言的共性特征数量和范围呈逐渐扩大的趋势。二是目的语与翻译语言对比，这一方面侧重于翻译语言对目的语的发展演化所发挥的影响作用，如王克非和秦洪武（2017）等探讨了英语通过翻译汉语对现代汉语发展所施加的影响。这种影响力的存在，也是翻译语言作为"第三语码"具有相对独立性的证明。庞双子和王克非（2019）甚至指出，翻译文本作为"第三语码"被视作一种独立的语言加以考察。这引发了我们对翻译语言在对比分析中地位的思考。

1.3.3 翻译语言作为对比分析的对象

从上文讨论可知：首先，在语言层面上，基于语料库的语言对比与翻译研究所涉及的语言类型，包括两种原创语言（L_1如汉语和L_2如英语）和一种或两种翻译语言（TL_1如翻译汉语和/或TL_2如翻译英语），"第三语码"既与源语有关系，也与目的语有关系，这可谓"源语－译语－目的语"之间的天然联系；其次，在研究三者关系的过程中，运用的是对比分析的方法（描写、并置、对比）；最后，假如不把翻译语言纳入语言对比分析的框架，三者关系的分析框架将缺乏完整性。具体如图1-3所示。

图1-3里，TL_2是L_1的翻译产品，TL_1是L_2的翻译产品。L_1和L_2是双语对比关系，但还有三类关系未被定义：原语与译语（$L_1 \leftrightarrows TL_1$/

$L_2 \leftrightarrows TL_2$),源语-译语-目的语($L_1 \leftrightarrows TL_2 \leftrightarrows L_2 / L_2 \leftrightarrows TL_1 \leftrightarrows L_1$),两种译语之间($TL_1 \leftrightarrows TL_2$);另有两类引申关系也未得到定义:所涉两种源语对比与译语($[L_1 \leftrightarrows L_2] \leftrightarrows TL_1 / [L_1 \leftrightarrows L_2] \leftrightarrows TL_2$),源语与译语的关系及其对目的语造成的影响($[L_2 \leftrightarrows TL_1] \leftrightarrows L_1 / [L_1 \leftrightarrows TL_2] \leftrightarrows L_2$)。

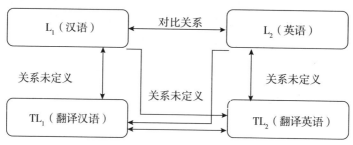

图 1-3 "第三语码"在对比分析框架中的地位之间

翻译语言特征的确立,既是译语与原语对比分析的结果,也是译语与目的语对比分析的结果,还是译语之间($TL_1 \leftrightarrows TL_2$)对比分析的结果。在此视野之下,原语与译语($L_1 \leftrightarrows TL_1$;$L_2 \leftrightarrows TL_2$),源语-译语-目的语($L_1 \leftrightarrows TL_2 \leftrightarrows L_2 / L_2 \leftrightarrows TL_1 \leftrightarrows L_1$),两种译语之间($TL_1 \leftrightarrows TL_2$)均构成对比关系。因此,体系的一致性要求迫使我们在对比分析框架中给予翻译语言一个恰当的地位。若不以对比关系来视之,部分关系,包括源语通过译语对目的语的影响关系、两种译语之间的关系等,难以得到合理阐释,而且还会使各元素之间关系的整体性遭到破坏。有鉴于此,翻译语言作为"第三语码"进入对比分析框架就具有了必然性。

对比分析的基本概念包括语对、对比、对比参项、异同(differences/similarities)及对应等,完全适用于图 1-3 所勾勒的新型对比分析框架体系。在传统对比分析框架里,L_1 与 L_2 之间的对比,往往是从范畴、功能、风格等参项出发,寻求二者之间的表达对应。在新型对比分析框架体系里,L_1 与 L_2、L_1 与 TL_1、L_2 与 TL_1、L_1 与 TL_2、TL_1 与 TL_2 各语对均以口语或书面语的相同形式存在,对其间关系的分析也总是以某种"对应"为先导,比如 L_2 与 TL_1、L_1 与 TL_1、L_2 与 TL_2 之间则从形次比、词长、句段长以及平均句长等参项出发,探讨原语与译语、译语与源语、译语与目的语之间在语言表达、风格等方面的对应情况。

再看对比分析框架中的描写、并置、比较基本方法论，也同样适用于 L_2 与 TL_1、L_1 与 TL_1、TL_1 与 TL_2 之间的对比分析，只不过这类描写，往往是以数据表格或数据图示来表征，如秦洪武和王克非（2009）在将汉语翻译文本与汉语原创文本、汉语翻译文本与英语原创文本的词汇分布进行分析时，通过表 1-2 实现描写和并置。

表 1-2 源语、目的语与译语的词类分布

词类分布	原创汉语文本		翻译汉语文本		原创英语文本	
	词数/个	词频/%	词数/个	词频/%	词数/个	词频/%
动词	110 391	23.64	133 762	22.93	108 340	19.88
名词	100 827	21.59	113 823	19.52	112 536	20.65

在表 1-2 里，首先得到的是相关词类（如动词）在原创汉语文本中的词数和词频描写；同样，该类词在翻译汉语文本、原创英语文本中的词数和词频也得到描写。在此基础上，研究者将这三类文本中动词的词数和词频列进表格，形成并置的格局。在并置格局形成后，就可以进行对比分析了。

1.4 动态对比语言学的内涵及描写模型

在传统对比分析框架体系里，处在对比关系之中的是两种自然语言 L_1（如汉语）和 L_2（如英语），研究者往往从一个对比参项（X）出发，观察该参项在 L_1 和 L_2 中分别是怎样得以表达的，或者考察 L_1 中的某个范畴或元素在 L_2 中是如何表达的，如图 1-4 所示：

图 1-4 传统对比分析框架体系

1.32 和 1.33 小节论述了翻译语言作为"第三语码"具有相对独立性,又考察了翻译语言进入对比分析框架的必要性和可行性。既然翻译语言作为"第三语码"进入对比分析的框架,便可将 $L_1 \leftrightarrows L_2$[1](如汉语和英语)以及 $L_1 \leftrightarrows TL_2$、$L_2 \leftrightarrows TL_1$、$L_1 \leftrightarrows TL_1$、$L_2 \leftrightarrows TL_2$、$TL_1 \leftrightarrows TL_2$ 各语对都纳入对比分析框架,形成一个与传统不同的对比分析框架体系,如图 1-5 所示:

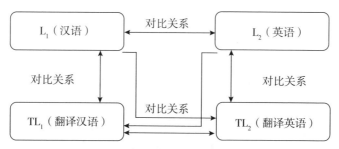

图 1-5 拓展的对比分析框架体系

图 1-5 显示,当我们把翻译语言视为"第三语码"纳入对比分析框架中时,就出现了对立关系的多样化、对比体系的复杂化,从而大大拓展和丰富了语言对比分析的内涵。研究对象由自然语言拓展为自然语言(L)和翻译语言(TL),若对自然语言进行对比研究,其目标是发现自然语言共性和差异;若对翻译语言作对比分析,其目标是发现翻译共性和变异;若将自然语言与翻译语言进行对比,就进入到原语与译语之间的互动关系领域。如此,就形成了如下 1.4.1—1.4.5 全系列的语言对比分析模型。

1.4.1 两种原语对比

对两种自然语言(如汉语和英语)所做的对比分析($L_1 \leftrightarrows L_2$)旨在探究两种语言间的共性和差异;形而上,可探讨语言与思维、语言与民

---

1 "$\leftrightarrows$"表示对比关系,"→"表示对比分析基础上的推导关系。

族性及语言世界观等议题;形而下,可分析和解决二语习得、语际翻译中的问题(尚新,2013)。其研究模型如图 1-6 所示(实线表示发生对比,虚线表示未发生对比,下同)。

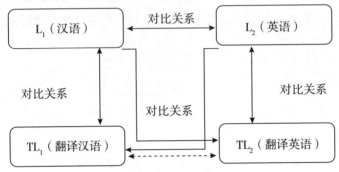

图 1-6 拓展的对比分析框架中的自然语言对比

图 1-6 所示 L_1 与 L_2 间的对比分析,是自对比语言学诞生以来[以 Lado(1957)为标志]一直被遵循的路径和范式,操作上以描述、并置、比较的三步法为代表,如詹姆斯(James, 1980)、科尔采斯佐夫斯基(Krzeszowski, 1990)、许余龙(1992)、潘文国(1997/2002)以及潘文国和谭慧敏(2018)等。

1.4.2 源语-译语-目的语对比

源语-译语-目的语对比($L_1 \leftrightarrows TL_2 \leftrightarrows L_2 / L_2 \leftrightarrows TL_1 \leftrightarrows L_1$)旨在探讨译语与源语、译语与目的语之间在词汇、语法、句子及篇章等方面的共性和差异,以进一步为翻译研究确立规范(Baker, 1993: 242–246; Øverås, 1998),比如归化/异化、直译/意译等,或是探究翻译语言形成的原因(如朱一凡、李鑫,2019)。翻译规范的确立,既与源语和目的语的语法规则体系相关,也与特定时代、文化背景等社会因素相关(王东风,2002;葛校琴,2002;罗选民,2004),其研究框架可如图 1-7 所示(此处仅以源语为汉语,目的语为英语的情况图示)。

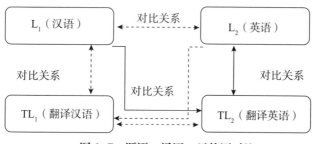

图 1-7 源语 - 译语 - 目的语对比

图 1-7 显示，相对于源语来说，译语呈现出两类特征：一是译语（如翻译英语）向目的语或译文读者靠拢（归化）；二是译语向源语或源文读者靠拢（异化）（葛校琴，2002）。将 $L_1 \leftrightarrows TL_2 \leftrightarrows L_2/L_2 \leftrightarrows TL_1 \leftrightarrows L_1$ 纳入对比分析框架中时，译语与源语和目的语三者处在同一语言平面上，一旦脱离这一平面而考察作者的意图、文本类型、翻译目的和读者要求等问题，就是翻译研究领域了。再者，不少学者（王东风，2002；葛校琴，2002；等）指出，归化/异化问题不只是语言层面的问题，而且是由语言层次上升到诗学、文化和政治层面的问题（王东风，2002），是处于政治意识形态中的两个对立概念（罗选民，2004）。在实际的语言对比分析中，我们对归化/异化（直译/意译）的考察仅限于翻译的语言层面，超越语言层面而涉及政治、文化及社会的方面，也就超越了本书所设定的对比分析框架体系。

1.4.3 两种译语对比

两种翻译语言之间的对比（$TL_1 \leftrightarrows TL_2$）旨在发掘翻译语言的共性或变异特征。翻译语言的共性或变异特征是内在于翻译过程、呈现于翻译语言的限制性因素（Baker, 1993: 242-246; Øverås, 1998），其来源有两个：一是进行"翻译共性假设"；二是来自对各具体翻译语言特征的抽象和归纳。具体翻译语言之间的对比分析，既可为"翻译共性假设"提供验证，又可对翻译共性特征进行抽象归纳，具体如图 1-8 所示：

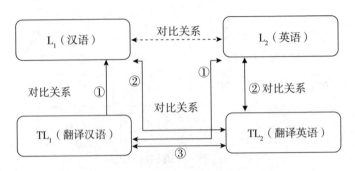

图 1-8　翻译语言共性研究

图 1-8 显示，从表面上看，翻译共性研究是两种翻译语言间的对比分析，而实际上，却是以 L_1-TL_1-L_2、L_2-TL_2-L_1 的先行对比分析为基础的，是一个复杂的对比分析过程。图 1-8 里圆圈内的数字代表该类研究的实施步骤："①"表示先行对 L_1-TL_1-L_2 三者作对比分析，得出 TL_1 的具体翻译语言特征；"②"表示再对 L_2-TL_2-L_1 作对比分析，得出 TL_2 的具体翻译语言特征；"③"表示基于"①"和"②"的发现，对 TL_1-TL_2 二者的翻译特征作对比分析，得出翻译语言的共性特征。这方面的研究如奥弗拉斯（Øverås，1998）基于英语-挪威语双向平行语料库以及王克非和胡显耀（2008）、秦洪武和王克非（2009）、赵秋荣和王克非（2013）等基于英汉双向平行语料库所开展的翻译共性特征验证研究。

1.4.4　基于对比分析的翻译研究

基于对比分析的翻译研究 [（$L_1 \leftrightarrows L_2$）→ TL_1/（$L_1 \leftrightarrows L_2$）→ TL_2] 是指在对两种自然语言（如汉语与英语）进行对比分析的基础上，提出翻译策略（translation strategy）[如英译汉（$L_1 \leftrightarrows L_2$）→ TL_1，或汉译英（$L_1 \leftrightarrows L_2$）→ TL_2]。此类研究路径基本分为相互关联的两个方面：对比分析是基础，翻译策略推导作为对比分析的下行方向，如图 1-9 所示（仅图示英译汉的情形）：

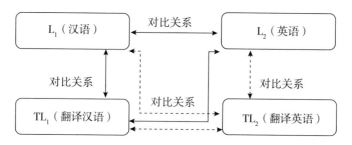

图 1-9　基于对比分析的翻译策略推导

图 1-9 显示，对比分析是在两种自然语言（$L_1 \leftrightarrows L_2$）的系统层面上展开的，研究者通过对语言现象的观察，找出相关对比参项；再基于该对比参项，找到两种语言间的对应规律；依据这种对应规律，提出对应规律假设，并依据双语原创文本对应语料库数据来验证对应规律假设。对应规律假设被验证之后，再据此提出翻译策略假设，并使用翻译语料库数据对翻译策略假设进行验证。这一研究过程中，存在两次假设和两次验证程序，一次是用双语原创对应语料库数据验证对应规律假设，属于对比分析程序；另一次是用平行语料库数据验证翻译策略假设，属于翻译研究程序。验证程序都具有循环性，即当验证数据不符合假设时，研究者做出分析后调整假设，再走验证程序，直至验证数据符合假设，方可在此基础上得出研究结论。这类研究的代表性成果目前还不多见，可见于尚新（2014a，2015，2023）、Shang（2023）等的研究，此处不赘述。

1.4.5　译语对目的语的调节研究

语际互动影响分析 $[(L_2 \leftrightarrows TL_1) \to L_1 / (L_1 \leftrightarrows TL_2) \to L_2]$ 是指对翻译语言如何影响目的语的词汇和语言结构甚或是整个语言面貌所开展的研究。该类对比分析的总体特征是，首先考察翻译语言（"第三语码"，如翻译汉语，TL_1）相对于源语（如英语，L_2）承继了哪些特征，再考察这些"第三语码"特征对目的语（如汉语，L_1）的历时演化产生了怎样的影响，其研究框架可如图1-10所示（以翻译汉语对汉语的历时演化影响为例）：

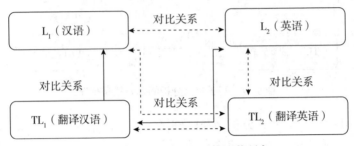

图1-10　译语对目的语的调节研究

图1-10显示，在L_2与TL_1之间是双向箭头，意指二者处在对比关系中，而在TL_1与L_1之间是单向箭头（从TL_1到L_1方向），意指TL_1对L_1施加影响。近年来，"有关翻译文本调节语言的研究发展较为迅速，成为基于语料库的语言对比和翻译研究的一大热点"（庞双子、王克非，2019）。学界对汉语的"欧化"（Europeanization）研究即属此类，考察翻译汉语怎样对现代汉语施加影响，进而形成现代汉语的词汇和结构性特征，这种因影响而演变的限度又在哪里，如王克非和秦洪武（2017）等。

以上所列的各类对比分析模型，有些是单纯的对比分析模式，包括：（1）两种自然语言对比（$L_1 \leftrightarrows L_2$）；（2）两种译语对比（$TL_1 \leftrightarrows TL_2$）；有些则是复合的对比分析模式，包括（3）源语-译语-目的语（$L_1 \leftrightarrows TL_2 \leftrightarrows L_2 / L_2 \leftrightarrows TL_1 \leftrightarrows L_1$）；（4）基于对比分析的翻译研究（$[L_1 \leftrightarrows L_2] \to TL_1 / [L_1 \leftrightarrows L_2] \to TL_2$）；以及（5）译语对目的语的调节研究（$[L_2 \leftrightarrows TL_1] \to L_1 / [L_1 \leftrightarrows TL_2] \to L_2$）。实际的研究情形则可以是两个或两个以上模式的复合，比如莫里诺（Molino，2017）对英语和意大利语之间学术语篇中的报道句（reporting clause）的对比分析，就分别涉及$L_1 \leftrightarrows L_2$（英语和意大利语的学术语篇报道句）、$L_2 \leftrightarrows TL_1$（英语源语和意大利翻译语言学术语篇报道句）以及$L_1 \leftrightarrows TL_1$（意大利原创语言与意大利翻译语言学术语篇报道句）的多项复合研究，同时实现了多种语料库在同一项假设论证过程中的整合性应用。

1.5 本书研究框架

翻译语言作为"第三语码"进入对比分析的整体框架,并非止于拓展对比语言学的学科内涵,更为重要的是,唯有如此,才能在对比分析中解释两种自然语言之间的互动影响关系,从而超越以往语言对比研究中为了对比而对比、为了纯粹的共性/差异发掘而进行对比分析的范式。如此一来,可以将以往的"静态对比语言学"(static contrastive linguistics)发展为"动态对比语言学"(dynamic contrastive linguistics)。这里的对立是"静态对比"与"动态对比",前者旨在探索语言系统间的共性和差异,而后者更关注语言间的互动关系和相互影响。我们可将这一新型的"动态对比语言学"定义为对两种自然语言及其之间的翻译语言作为"第三语码"进行对比分析并对三者之间的互动关系进行共时或历时考察的语言研究,其终极目标是探究以语言沟通为基础的世界关系及文明互鉴。

在 1.4.1—1.4.5 节列出的"动态对比语言学"五大描写模型中,一方面,两种自然语言对比分析的理论框架和研究方法论仍存在不少探究的空间;另一方面,自 20 世纪 90 年代末期对比分析与翻译研究发生融合以来,对比分析在其中的地位和作用、基于对比分析的翻译研究的路径等问题仍未得到清晰的勾勒。有鉴于此,本书将主要聚焦两种自然语言对比($L_1 \leftrightarrows L_2$)和基于对比分析的翻译研究([$L_1 \leftrightarrows L_2$] → TL_1/[$L_1 \leftrightarrows L_2$] → TL_2),如图 1-11 所示:

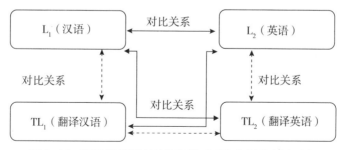

图 1-11　两种自然语言对比和基于对比分析的翻译研究

本书将以类型学视野来探讨两种语言（主要是汉语和英语）的类型学异同，在此基础上，分两个方向进行探究：一则"形而上"（本书上篇）地考察语言类型差异所反映出的不同语言民族的语言世界观；二则基于类型学异同找到两种语言之间的对应匹配关系，"形而下"（本书下篇）地探究这种对应匹配关系对两种语言之间的跨语际翻译策略推导所发挥的指导作用，并以语料库验证路径加以验证，即从对比看类型；从类型看规律；从规律看策略；从语料看验证。

第 2 章
类型学视野与语言对比研究

2.1 引言

对比语言学（语言对比研究）作为一个相对独立的语言学分支，发端于 20 世纪 50 年代，以拉多（Lado，1957）发表《跨文化语言学》（*Linguistics Across Cultures*）为标志（潘文国，1997/2002：3；James，1980/2005：3）。历经半个多世纪的发展之后，学界已于 20 世纪末开始认识到，把对比语言学研究的追求框定在将这类研究应用到其他相关领域（如二语习得和翻译等）将不可避免地导致对比语言学的附庸地位，并可能致其走向式微。因而，国内的语言对比研究出现了两种主要研究取向：

取向一：
将语言对比研究／对比语言学提升至普通语言学的高度来加以认识，以潘文国（1997/2002，2006a）、潘文国和谭慧敏（2005，2006，2018）、王菊泉（2011）等为代表。这可以从潘文国和谭慧敏（2006：252-253）对对比语言学的定义上看出来，"对比语言学是在哲学语言学指导下的一门语言学学科，具有理论研究和应用研究的不同层面，旨在对两种或两种以上的语言或方言进行对比研究，描述其中的异同特别是相异点，并从人类语言及其精神活动关系的角度进行解释，以推动普通语言学的建设和发展，促进不同文化、文明的交流和理解，促进全人类和谐相处"。

取向二：

随着近些年来语言类型学的兴起和发展，将语言类型学作为对比语言学的理论框架，认为对比语言学的最终目标也是实现语言共性追求，以许余龙（2009，2010）、沈家煊（2009，2012）等为代表。许余龙（2010）认为，语言共性是语言对比研究的理论源泉和根本目的，而语言类型学研究则为语言对比研究提供了最为基本的对比分析框架；在处理语言共性研究、类型学研究和语言对比研究的关系上，许余龙（2010）认为，语言的共性、类型和对比研究是为了实现同一个目标而开展的分工和重点不同的研究；至于语言对比研究为何要以类型学为框架，许余龙（2010）认为，由于语言类型学同时研究许多语言，因此对语言差异所作的类型学分类和概括往往是粗线条的，需要通过对个别语言的深入研究和详尽的双语对比研究来进行检验，在此基础上对世界上的语言作出更为精确的类型学分类和概括，促进语言共性的研究，推动普通语言学理论的发展。也就是说，语言对比研究所能做的，就是细化、检验类型学研究的分类和概括。沈家煊（2009，2012）也持类似观点，认为要有类型学的视野，要把对比的语言放到人类语言的大背景上来考察。个别语言的特点和人类语言的共性是"一个铜板的两面"，共性寓于个性之中，个性是共性的具体表现。

应该指出，上述两种研究取向都极大地引导和推动了对比语言学学科的建设和发展，但同时可以看出，二者之间存在很大的分歧。对于取向一来说，对比语言学的理论基础是语言哲学，不受其他语言理论指导，其研究的根本目标是普通语言学（潘文国，2006a）。由此，类型学自然成为其下位分支，仅是对比语言学理论研究的一部分（潘文国，2006a）。对于取向二来说，类型学和语言对比研究都是为语言共性研究服务的，而类型学高于对比语言学，是对比语言学的理论源泉和根本目标。

两种研究取向之间巨大反差的存在，既可能造成学界对于对比语言学学科独立性的困惑，也会造成学界面对异军突起的语言类型学无所适从。针对取向一，我们要问：要不要类型学？怎么要？针对取向二，我们要问：要不要对比语言学的学科独立性？怎么要？因此，本研究首先将对比语言学和语言类型学分别作为地位等同的独立学科，不存在哪一个范围更广、层次更高的问题，然后基于这一认识，探讨二者之间存在的差异和契合点，进而解决如何实现两个学科之间的相互补充和相互支撑问题，以进一步推动对比语言学和语言类型学的相对独立发展。

2.2 语言类型学

宋在晶（Song，2008：2）把语言类型学（linguistic typology）定义为"对跨语言差异的调查研究"。这种跨语言差异的调查研究，在不同历史时期有不同的研究对象，也有不同的追求目标。

2.2.1 从形态类型学到库藏类型学

从发展历史来看，语言类型学经历了从传统形态类型学到语序类型学再到库藏类型学三个主要阶段。

传统形态类型学（18世纪中期至20世纪60年代）根据自然语言对屈折词缀的依赖程度，将语言分为孤立语、黏着语以及屈折语几个简单的类别（萨丕尔，1997/2007：108-129）。语言学家们往往依据这种依赖程度来判断各语言所处在的演进高低阶段。这一旨趣与当代语言类型学有着根本的不同。

20世纪60年代，格林伯格（Greenberg，1963）以其经典的语序研究开创了语序类型学，他提出了45条语言共性原则，而这些原则是世界语言依据参项不同而呈现出的规律性特征。但语序类型学所关注的主要是句法（syntax）语序问题，其基本研究方法和原则难以扩展到语言语义或功能的方面。菲尔墨（Fillmore，1968：52；2001：66-67）格语法的提出，弥补了这一缺陷。格语法的核心思想是探究语义结构与句法结构之间的关系。菲尔墨指出，格的结构与世界语言类型的划分标准之间有着重要联系，这些类型学标准包括：（1）由深层格的范畴来决定要不要对名词短语进行加工，（2）要不要对动词进行配合加工，（3）照应过程（anaphoric processes）性质，（4）话题化过程（topicalization process）性质，以及（5）语序可能性（word order possibility）等。格语法给人们提供了相同语法功能在不同语言里的不同表现形式的比较基础，因而在功能语言学的类型学研究里得到了继承。自20世纪70年代以来，"共性与类型"成为语言功能研究的重要路径之一。

到了21世纪初叶，出现了将语序类型学和功能类型学融合为一体的类型学新路径，这就是库藏类型学，由中国学者刘丹青（2011，2012）提出。库藏类型学的核心特征是对不同语言系统进行类型学考察，包括语言手段的库藏类型特征、库藏手段的入库序列特征、库藏手段的显赫特征及其功能领域等，在继承类型学的蕴涵共性追求的同时，又拓展了类型学的视野。

2.2.2 类型学研究的共性追求

从类型学的名称来看，语言类型学关注语言按照结构不同而划分的不同类型［以格林伯格（Greenberg，1963）和菲尔墨（Fillmore，1968）为代表］，应该不同于语言普遍性研究（以乔姆斯基的生成语法为代表）。语言类型学所致力于解决的问题是，为了实现同样的交际功能，不同语言是如何用不同的形式去编码表达的。从这个角度来说，语言类型学研究属于语言研究的功能学派，与形式学派的语言普遍性研究形成对立，后者关注的是自然语言的形式特征及其普遍性。语言普遍性研究和语言类型学研究都重视对语言现象描写充分性基础上的解释充分性，但语言普遍性研究偏重内部解释，即从天赋能力（大脑中的语言机制）去解释语言现象；而语言类型学偏重外部解释，即从功能上去解释语言现象。然而上述差异无法消解当代语言类型学研究与语言普遍性研究在理论目标上所具有的高度一致性，这就是对"语言共性"（language universal）的追求。

语言共性是指适用于多数人类语言的特征。在语言类型学里，凡是在世界语言里发现的在统计上具有突显性的模式或倾向都称为"语言共性"，这些共性特征可以对人类语言的可能变异施加制约或限制（Song，2008：6-8），即"寻找对个性变异的共同限制"（陆丙甫，2009：F10）。语言共性特征有绝对共性（如所有人类语言里都有元音）和非绝对共性（如有些人类语言是声调语言）之分，也有蕴涵共性（implicational universal）和非蕴涵共性（non-implicational universal）之别。蕴涵共性具有"若P，则Q"（if P, then Q）的形式特征，即某一特征的出现隐含了另一种特征（Comrie，1989/2009：17；Song，2008：7）。陆丙甫（2009）对蕴涵共性的解释是，当代语言类型学的分类是以普遍的功能参项为导向的，即以共同的表达功能为参项对语言形式进行分类；参项值的变化和相互关联形成自然语言的蕴涵共性。绝对共性特征（如"所有人类语言都有元音"）因无须参项的变化和相互关联作为推导依据，因而是非蕴涵共性。科姆瑞（Comrie，1989/2009：6，17）提到一个典型的蕴涵共性例子：若一语言有第一和第二人称反身代词（reflexive pronoun），则该语言也具有第三人称反身代词。在这个例子里，特征P是"有第一和第二人称反身代词"，特征Q是"有第三人称反身代词"，因此可以表述为"若P，则Q"。根据标准命题逻辑，参项的变化及相互关联组合产生四种可能性：

（a）P and Q　　　　（b）P and not-Q
（c）not-P and Q　　（d）not-P and not-Q

如果"若P，则Q"为真，则（a）（c）（d）三种可能性是命题逻辑允准的，而（b）是不允准的。自然语言的事实情况正与命题逻辑的允准度吻合，（a）类如英语，（c）类如法语，（d）类如盎格鲁-萨克逊语（Anglo-Saxon），而（b）类，即有第一、第二人称反身代词却不存在第三人称反身代词的语言至今尚未发现。

2.2.3 语言类型学的基本特征

至此,可对语言类型学作如下概括:(1)当代语言类型学的研究对象为大范围的语言,所选定的语言在语系上各不相同,且在地域上也具有代表性;(2)其研究目标是在承认语言间差异的基础上,探寻差异背后的蕴涵共性或共性倾向;(3)其方法论原则是"齐一性原则"(principle of uniformitarianizm),该原则声称人类语言的基本特征不因时间而改变(Song,2008:15)。这在实质上是共时性语言研究(synchronic linguistic study)原则。

总之,当代语言类型学在本质上属于语言共性研究,但又是承认语言差异基础上的共性研究,这就为对比语言学和语言类型学之间找到契合点提供了依据。

2.3 对比分析的"形而上"与"形而下"

自对比语言学诞生以来,经历了从附庸到本体,从注重形而下的应用研究取向到形而上与形而下并重的历史发展轨迹,其理论深度和广度均得到了大大拓展。

2.3.1 从附庸到本体

詹姆斯(James,1980/2005:3)给对比分析(对比语言学)下了一个经典的定义:对比分析以各语言是可比较的这一假设为基础,以发现两种语言中二值对立的类型(typology)为其研究目标。从拉多(Lado,1957)到詹姆斯(James,1980),都强调对比分析以解释二语习得为目标,落脚点为第二语言习得。许余龙(1992:4)和柯平(1999:9)都把对比语言学看作语言学的一个分支,其任务是对两种或两种以上的语言作共时对比研究,描述异同,特别是不同之处,并将这类研究应用于

第2章 类型学视野与语言对比研究

其他有关领域。但二者均未表明"其他有关领域"究竟是哪些领域，这在潘文国（1997/2002：1）的定义里得以明确，即"为语言教学、语际翻译及本族语的研究服务"。这种应用性研究取向很可能导致的情况是，对比语言学不需要自己的本体理论，对比研究可以任何其他语言理论为框架，只要对比的结论能够服务于上述应用目标即可。这就必然导致对比语言学的附庸地位。

自20世纪末以来，对比学界受到国外洪堡特、沃尔夫等哲学思想以及国内赵世开（1979）、吕叔湘（1977）等对比研究思想的启发，逐渐认识到把对比语言学研究的追求目标框定在将这类研究应用到其他相关领域（如二语习得和翻译等）将不可避免地导致对比语言学的附庸地位，并可能最终致其式微。如洪堡特（Humbolt & Michael, 1836/1988：16）的著名论断"倘若忽略了语言与民族精神力量的形成之间的联系，比较语言研究就会丧失所有重大的意义"；赵世开（1979：34-42）早就指出，语言比较研究不应只限于以教学为目的，也可用于语言结构普遍现象的理论研究，即通过两种或多种语言的比较研究，可以更好地认识语言的结构，进一步认识语言的本质。因而，学界分别以潘文国（1997/2002，2006）、许余龙（2009，2010）等为代表，逐渐形成了上文提到的两种语言对比研究取向。两种研究取向都十分重视对比语言学的理论基础和框架建构，特别是潘文国等倡导的语言对比研究取向，使对比语言学走上了本体研究的轨道。当然，二者也分别存在问题，这在上文也已做了交代，此处不再做赘述。

2.3.2 对比分析"道""器"并重

把对比语言学看作一个独立的语言学学科，并不排斥它与语言类型学之间可以产生交叉点。这一交叉点就是人类语言之间存在差异并可聚合成不同的类型。在此基础上，对比语言学与语言类型学"分道扬镳"，类型学研究以此为基础去探寻这些差异聚合成不同类型的共性限制是什么，而对比语言学以此为基础去探寻这些差异和类型与民族思维及世界观存在何种内在联系，去追寻萨丕尔-沃尔夫的语言相对论假设（Sapir-Whorf hypothesis）。这是对比语言学的"形而上"的部分，即"道"的部分。

同时，对比语言学也重视"形而下"，即"器"的部分。这些差异和类型的规律性特征可以用来指导人们的二语习得或者翻译实践活动。这是自拉多于1957年创设对比语言学以来的主旋律，前期（20世纪50至60年代）体现为对比分析假设，即对比分析可以用来预测外语学习中的难点和难度；中期（20世纪70至80年代）体现为偏误分析，即对比分析可以用来解释外语学习中所发生的失误和偏误；后期（20世纪90年代）体现为对比分析可以用来指导翻译实践。

无论是在"形而上"还是在"形而下"的研究方向上，对比语言学都时刻侧重差异分析。"形而上"的差异就是语言与思维的相对论、语言的民族性以及语言世界观；"形而下"的差异则用于分析二语习得中的难点和困境，用于分析翻译中的语言障碍和误译陷阱等。这便可形成对比语言学上至哲学下至应用的独立学科体系，从而保持其学科独立性。

2.3.3 对比语言学的基本特征

以上讨论表明：第一，对比语言学的研究对象为两种或少数几种语言，对比研究的基础是"语言之间具有可比性"的假设；第二，语言对比研究的出发点是对比参项，如交际功能范畴等；第三，对比研究的目标是对语言间的差异进行分析，在此基础上"形而上"地探讨语言与思维、语言与民族性及语言世界观等议题。以洪堡特的眼光来看，探究不同民族思维方式的差异是对比语言学的终极目的。对比语言学也可以"形而下"地用于分析和解决二语习得中的难点和困境，分析和解决语际翻译中的障碍和误译等；第四，对比语言学的方法论是对两种或少数几种语言作共时层面的考察，不排除历时层面的考察，但其涉及"形而下"的理论诉求，因而不像语言类型学那样把已经消亡、不再使用的语

第 2 章　类型学视野与语言对比研究

言与仍在活跃和使用的语言放在一起作比较研究。

上文对语言类型学和对比语言学（语言对比研究）的学科性质、研究对象、研究目标以及研究方法等作了简要的论述。从中可看出，这两个语言学学科的确存在显著的差异，大致可概括为四个方面：

第一，历史发展渊源不同。对比语言学发端于 20 世纪 50 年代，代表人物主要有拉多（Lado，1957）、詹姆斯（James，1980）、科尔采斯佐夫斯基（Krzeszowski，1990）、许余龙（1992）、潘文国（1997/2002）等，其最初发展背景是为了适应外语教学的需要。而语言类型学发端于 20 世纪 60 年代，代表人物主要有格林伯格（Greenberg，1963）、科姆瑞（Comrie，1985）等，其发展背景是一些语言学家认识到形式语言学派（乔姆斯基学派）仅从单一语言出发的语言共性研究具有致命缺陷（Comrie，1989/2009：7-8）。

第二，研究对象有所不同。对比语言学的研究对象往往是两种或者少数几种语言，而且在选择哪些语言进入对比分析时，无须考虑语言的类型（如语系差别）、区域地理限制等因素。而语言类型学的研究对象往往是大范围内的人类语言取样，在选择哪些语言进入类型学考察时，不但需要考虑语言的类型、语系差别，而且要考虑区域地理的多样性因素（比如，尽管非洲语言分布在多个语系里，但在类型学考察时不能仅以该区域的语言来确定世界语言的类型划分），从而使选取的语言样本具有代表性。萨尔基（Salkie，1987）就曾指出，语言类型学研究的途径是，少量语境，大量语言；语言对比研究的途径正好相反，大量语境，少量语言。

第三，理论目标不同。可归结为"求同还是求异"。对比语言学无论是在"形而上"的理论追求上，还是在"形而下"的理论应用上，虽兼察共同点和差异，但更注重差异性；其最终目标是探讨语言背后人类的思维方式差异，更好地实现求同存异（潘文国，2006b）。而语言类型学的理论目标是在承认语言之间存在差异的基础上，探寻语言形式变化背后的共性限制，即"万变不离其宗"（陆丙甫，2009）之中的"宗"，落脚点在"宗"上。因此类型学在本质上属于语言共性研究。

第四,研究方法上有所不同。对比语言学和语言类型学都注重共时研究。索绪尔(Saussure, 1959:81)在区分共时研究和历时研究时指出,"凡是与科学的静态方面相关的就是共时的;凡是与演变相关的就是历时的"。这表明"共时"实际上可以从两个层面理解:一是"静态性"层面,即只要所涉及的各语言取样是"静态的"(比如已经消亡语言的静态特征与正在活跃语言的静态特征),其间就存在可比性,这是语言类型学采取的研究取向;二是"同时性"层面,即所涉及的各语言取样处于同一个历史时期节点(比如现代英语与现代汉语),其间也存在可比性,这是对比语言学采取的研究取向。语言对比研究中的历时性研究,其实仍然是建立在这种"同时性"层面之上的,因而与语言类型学不同。对比语言学的这种"同时性"共时研究方法论,与其"形而下"的理论追求密切相关。

二者在研究方法论上的另一个不同之处在于,对参项值的处理上是注重类型分类还是注重二值对立。对比语言学通过确立两种语言间的特征对立来分析它们之间存在的差异,比如英汉语对比研究中的[+时态]与[−时态]的二值对立。而类型学研究往往是在二值对立的基础上形成参项值的逻辑变化组合,并由此对语言分类。比如在语序研究中,类型学家根据主语位于宾语之前(S-O)还是位于宾语之后(O-S)将世界语言进行分类。

明确了对比语言学与语言类型学的上述不同之处,才能更好地认识对比语言学的学科独立性,推动对比语言学实现学科独立和持续发展。

2.4 语言类型学与对比语言学

尽管语言类型学与对比语言学在学科发展背景、研究对象、研究目标及研究方法上各有侧重,但二者均属功能派之大类,研究的出发点均为交际功能范畴,研究过程中均涉及同一交际功能在两种或更多不同语言中是如何用不同的编码方式去表达的,因此这两个学科领域之间存在契合点。

2.4.1 契合点发生的研究层面

在《句法理论面面观》(Aspects of the Theory of Syntax, Chomsky, 1965) 一书中,乔姆斯基提出了语法充分性的三个不同层次(参见 Radford,2000:28-30;徐烈炯,2009:46-52):观察充分性(observational adequacy)、描写充分性(descriptive adequacy)和解释充分性(explanatory adequacy)。语法或语言理论的最低目标是正确地观察语言现象,例如正确地指出哪些序列合格(well-formed),哪些序列不合格;如果能对原始材料作正确的观察,便达到了观察充分性。更高一层的充分性为描写充分性,就是在观察充分性的基础上概括出规律,为本族语使用者提供一套描述其结构语感的原则。在描写充分性的基础上,语言理论如能提供一套得到最大限制的(maximally constrained)普遍原则,就达到了解释充分性。在生成语法里,这些普遍原则能够在心理现实上表征心智运算。

这三个充分性层次,既可以指不同语法理论所达到的高度,如结构主义语言学理论处在观察充分性层次上,欧洲传统语法理论则处在描写充分性层次上,生成语言学理论则处在解释充分性层次上;也可以用来指同一语言理论在不同阶段所达到的理论高度。比如,除了生成语法理论外,认知语言学理论、类型学理论等都声称其理论具有解释充分性,只不过解释性的标准各不相同,有的是语言内部解释(internal explanation),更多的是语言外部解释(如认知语言学、语言类型学)。

我们认为,对比语言学和语言类型学也各具理论上的层次目标,形成研究上的三个不同层面:语言材料观察层面、语言材料理论描写层面以及语言外部解释层面。正是在语言材料的观察层面和理论描写层面上,语言类型学与对比语言学有可能出现契合点。该契合点的存在又依赖于语言类型学分析中的两项基本假定:跨语言可比性(cross-linguistic comparability)和齐一性原则(Song,2008:9-10)。跨语言可比性实际上就是对比参项;齐一性原则就是方法论上的语言共时性研究原则。可见,这两项语言类型学上的基本假定同时适用于语言对比研究。对比分析虽然侧重分析差异，但却是从语言的对比参项出发并以语言共时性研究为基本方法论的。对语言类型学来说，要将不同语言划分为不同的类型，其前提是承认语言间存在差异。这就表明，这两个语言学学科在一定的分析层面上是可以相互支撑、相互补充的，具体如图 2-1 所示：

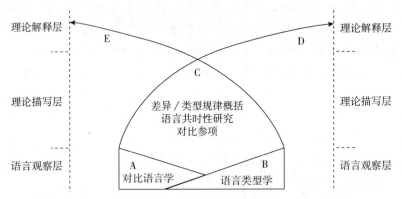

图 2-1　语言类型学与对比语言学的契合点和差异

在图 2-1 中，A-B 为语言材料观察层，其中 A 代表对比语言学部分，B 代表语言类型学部分，B 的区域面大于 A，表示语言类型的语言观察范围大于对比语言学；C 代表理论描写层，在这一层次上，语言类型学与对比语言学具有契合性，主要体现在对比参项、语言共时性研究以及对差异/类型规律的概括上；E-D 为理论解释层，在该层次上，语言类型学走向共性研究（绝对共性、蕴涵共性及共性倾向等），而对比语言学走向语言世界观（语言与思维、语言与民族性等）；A-C-D 代表对比语言学的研究领域及其学科独立性，B-C-E 代表语言类型学的研究领域及其学科独立性，图 2-1 明确显示，A-C-D 与 B-C-E 的契合点在 C，A-C-D 与 B-C-E 有着"分道扬镳"的学科发展方向（箭头 E、D 分别所示）。

2.4.2 类型划分可彰显语言差异

语言类型学对大范围内的语言类型划分可能彰显两种语言间所存在的差异，从而为语言对比研究提供一个研究起点。比如，在形态类型学里，自然语言划分为孤立语、黏着语及屈折语等几种类型（Comrie, 1989/2009：42；萨丕尔，1997/2007：115），汉语属于孤立语类型，英语属于屈折语类型，这就为英汉语言之间的形态对比分析提供了一个研究基础，我们可以进一步详尽地挖掘英汉语言的形态差异的语言材料，并将这一考察结果"形而上"到语言与思维及语言世界观的层面，作更为深入的分析和解释；也可以类型学差异为基础，"形而下"地探讨二语习得和语际翻译中可能遇到及需要解决的问题。

再比如，根据语义学家吉尔伽（Chierchia, 1998）等的研究，名词作为指称客观世界实体的重要词类，在世界语言中普遍存在，但名词的指称功能随语言的不同而具有不同的类型学特征，形成"名词作为属性"（N-as-P）和"名词作为类别"（N-as-K）的隐性类型学特征；隐性类型学特征可通过名词的使用形式得到验证并形成"数标记型语言"（number-marking language）和"量词型语言"（classifier language）的显性类型学特征。英语和汉语的名词恰好代表了不同的语言类型，即英语为数标记型语言，而汉语属于量词型语言。这就彰显了英汉语在名词指称及其表征上的类型学差异，并为进行英汉名词的对比研究奠定了基础（尚新，2010）。基于该差异，我们可以考察，汉语量词背后是否关联着汉语民族的形象思维特征，英语数标记背后是否关联着英语民族的抽象思维特征。显然，在对比语言学的形而上研究过程中，语言类型学根本无法为其提供理想的基本描述和分析的框架。

2.4.3 对比分析提供假设共性及其类型

语言对比研究可为语言类型学提供"假设语言共性/类型"（putative universal/typology）。所谓"假设语言共性/类型"，是指基于两种或少数几种语言的描写和对比分析,提出有关人类语言可能存在的共性/类型假设。假设共性/类型属于非确立语言共性/类型。比如,英汉语对比分析告诉我们,这两种语言中的主语均位于宾语之前,据此可推断,自然语言的共性之一是主语位于宾语之前(S-O)。这就属于假设共性。假设共性往往会被更大范围内的语言材料考察所证伪,比如马尔加什语[1]的基本语序是 VOS;希卡利亚纳语[2]的基本语序是 OVS(Comrie,1989/2009:20),二者均为 O-S 语序。这说明语言对比研究得出的假设共性,既不是绝对共性、蕴涵共性,也不是共性倾向(universal tendency),语言类型学研究借用对比语言学的研究成果,需要将之放到范围更为广大的语言取样中加以考察验证。

那么,假设共性/类型是否就没有任何理论价值呢?我们认为并非如此。一方面,"假设共性/类型"是基于两种或少数几种语言的对比分析推断而来的,这种假设共性/类型在双语对比语言学的框架内就是真正的共性,对语言对比研究中的理论"形而上"的目的来说已经足够了,也足以用来"形而下"地指导双语翻译和二语习得教学中的实际问题;另一方面,语言类型学家可对这种假设共性/类型做检真证伪研究,从而使语言类型研究取得更大进展。许余龙(2010)认为,对比研究的目的是尽可能对语言之间的差异作出概括性的表述,而且这种表述是可以证伪的。证伪本身就是一种科学研究的方法,人类科学的进步,正是在不断证伪已有理论假设之上得以实现的。比如,尼科尔斯(Nichols,1986,参见 Comrie,1989/2009:52–53)以"核心标记"(head-marking)和"附从标记"(dependent-marking)这一组对立性参项对语言进行分类。所谓"核心标记",是指结构成分之间关系的显性标志放在结构的核心上面。比如,在匈牙利语里,所有格关系的显性标志放在名词短语中的名词(即核心)上面,如例(1)所示:

---

1 Malagasy,属南岛语系马来—波利尼西亚语族,是马达加斯加的官方语言之一,使用人口超过 2 500 万人。
2 Hixkaryana,亚马孙河 Nhamundá 支流上的一种语言,使用人口仅约 500 人,是人类已知的自然语言中少数使用宾谓主结构的语言,也可能是第一个使用此语序结构而有文字记录的语言。

第 2 章　类型学视野与语言对比研究

（1）az ember ház-a　　　（2）the man's house
　　　the man　house-his　　　　 那个人的房子
　　　那个人　房子－他的

对比之下，英语的相应表达则是附从标记，即结构成分之间关系的显性标志放在结构的附从成分上面，如例（2）所示。比较英语和匈牙利语，二者呈现出核心标记和附从标记的对立情形。至此，可提出如下语言类型学假设：自然语言要么属于核心标记型，要么属于附从标记型。这是从语言对比研究作出的假设共性/类型推断。然而，类型学研究通过调查大范围语言材料，很快就发现上述假设共性/类型需要作出修正，比如，当考察土耳其语（Turkish）时，发现该语言既是核心标记又是附从标记，如例（3）所示。当调查范围扩大到哈鲁威语（Haruai，巴布亚新几内亚区域的一个语支）时，发现该语言既非核心标记型，也非附从标记型，如例（4）所示：

（3）adam-in　ev-i　　　　　（4）nöbö ram
　　　man-GENITIVE house-his　　　　man house
　　　男子的（属格）房子－他的　　　　男子房子

至此，自然语言就可依据 [± 核心标记] 和 [± 附从标记] 两组参数作类型归纳，如例（5）所示：

（5）a. [+ 核心标记, – 附从标记]（如匈牙利语）
　　　b. [– 核心标记, + 附从标记]（如英语）
　　　c. [+ 核心标记, + 附从标记]（如土耳其语）
　　　d. [– 核心标记, – 附从标记]（如哈鲁威语）

上述讨论表明，语言对比研究可为语言类型学研究确定参数，并在此基础上为语言类型学提供证实或证伪条件。然而，类型学并不止于对语言对比研究结论的检真证伪，而要进一步考察，已确立的参数与哪些其他参数产生关联。比如，尼科尔斯（Nichols, 1986, 参见 Comrie, 1989/2009：52–53）发现，核心标记与动词起首（verb-initial）密切关联。换句话说，动词起首与核心标记之间能够建立蕴涵共性关系。不过，如上文所及，对语言对比研究而言，若依某种参数能够得出一项类型学假设，而该项假设对两种语言来说具有强制性和遍布性，就可将此假设共性/类型作为工作假设（working hypothesis），语言对比研究即可基于工作假设进行形而上的理论探究或形而下的应用性研究。

2.4.4　语言类型学与对比语言学方法论革新

以格林伯格（Greenberg，1963）为代表的语言类型学研究，其核心领域在于语序方面，其研究方法较难应用到语音、形态、词汇以至于语篇等语言层面上。而语言对比研究的语言层面是广泛的，这就产生了契合点的语言层面矛盾。近年来，语言类型学发展迅速，特别是语言库藏类型学的兴起，将语言类型学的研究扩展到语言系统的各个层面。库藏类型学的核心特征是对不同语言系统进行类型学考察，包括语言手段的库藏类型特征、库藏手段的入库序列特征、库藏手段的显赫特征及其功能领域特征等（刘丹青，2011，2012）。这种从库藏手段入手比较语言之间异同的方法论，也促使对比语言学发生研究方法论上的革新，从传统的"对比参项"（即往往是共同范畴，常常是语义的而非形式的方面）方法论中跳出来。再者，自20世纪90年代末以来，对比分析与翻译研究在语料库语言学的"桥接"下发生融合，语料库语言学的一些范畴也逐渐纳入"对比参项"的范围里，比如词频、形次比、词长、句段长以及平均句长等。这种方法论上的革新同时也为语言类型学和语言对比研究在更为广泛的语言部门（如句法领域、语篇领域等）产生契合点提供了可能性。

2.5 本章小结

　　语言类型学的本质是共性研究，而对比语言学从发展之初就侧重差异性研究，同时兼顾共性研究。在更为深刻的层次上，差异反映共性，从而推动人类语言研究的发展。同时，语言类型学和对比语言学之间存在契合点，使两个学科之间能够相互支撑和相互补充。

　　一方面，语言类型学的研究成果可以为对比语言学研究提供一个研究基础或起点。在确定对比的语言现象之后，从语言类型学的视角出发，我们可以寻求有关这种语言现象的类型学理论观点或理论发现，在此基础上深入挖掘语言与思维及语言世界观的相关议题。反过来，在语言类型学视野下，对比语言学中的相关结论或观点能够得到修正或提升。比如，我国语言学界曾以为，汉语句子语序跟构词语序之间的一致性是汉语的重要特点，这主要是在跟英语对比分析之后得出的结论，但科姆瑞（Comrie，1989/2009：F7-19）的类型学研究结果表明，其实这是一种共性倾向。刘丹青（2003）认为，许多以前被认为是汉语重要特点的，其实不那么重要，而那些习以为常的汉语表现，却可能是很重要的特点。另一方面，语言对比研究可以从双语对比分析中确定两种语言中的类型学差异（刘丹青，2011，2012），推断出假设共性/类型，并可由研究者本人或他人将该假设放到更大的人类语言范围内作检真证伪研究，从而推动学科之间的互动发展。

形而上篇

第3章
对比语言学的"形而上"

3.1 引言

"形而上者谓之道,形而下者谓之器",这是中国古代哲学伦理著作《易传》中《易·系辞》提出的重要命题。有形如器者,必有道行于其中。道无形,为形上,器有形,为形下。无形,故虚而不可见,有形,则实而可见。但是道寓于器之中,器为道之体现。道与器相互依存,不可分离。《周易正义》又说:"'形而上者谓之道,形而下者谓之器'者,道是无体之名,形是有质之称。凡有从无而生,形由道而立,是先道而后形,是道在形之上,形在道之下,故自形外已上者谓之道也,自形内而下者谓之器也。"

对语言研究来说,"道"就是语言现象背后存在的规律以及为这些规律建构起来的理论,而理论研究形而上的最高境界则是上升到哲学的层面;"器"则是规律的运用,即将所发现的规律应用于相关领域,如语言教学、词典编纂以及翻译等领域的具体实践。

3.2 "形而上"即语言世界观

世界上的语言有近6 000种,由语言反映出来的民族文化特征也是各不相同,这其中是否反映了语言与文化形成之间的某种机制性联系?实际上,这一问题早在19世纪德国著名哲学家和语言学家洪堡特的著述《论人类语言结构的差异及其对人类精神发展的影响》(1836/1988)中就受到了关注。而作为侧重于差异探寻的对比语言学来说,不同语言中语言规律的差异体现民族思维及世界观的差异,这是从语言对比研究出发考察语言世界观异同的基本思路。

早在19世纪初,洪堡特就指出,语言是通过其字符和结构来表达说话者文化和个性的一种活动,每一个个体都主要是通过语言媒介来感知世界的。"字符和结构"(即语法)本身就反映该民族的思维和文化特征,而非一定需要字符与结构表达的内容才能反映该特征。"语言与思维合而为一,不可分割"(洪堡特,1997:54),语言反映人对世界的认知,表征人对客观现实主观和能动的感知。洪堡特的这一语言哲学思想被后世称为"语言世界观"。

到了20世纪上半叶,美国两位著名的语言学家萨丕尔和他的学生沃尔夫沿着语言与思维关系的方向,继承并发展了洪堡特开创的语言哲学。萨丕尔的研究重心在词汇,主张"语言作为一种结构来看,它的内面是思维的模式"(Sapir,1921/1964:135),也认为"真实世界建立在族群的语言习惯上"(Sapir,1929:209)。从这个意义上来说,民族世界观是"道",而语言的语音与结构模式是"器",民族语言是"道"和"器"的统一体。萨丕尔就语言与文化之间的关系发表了大量著述(Sapir,1921,1929,1949)。人们生活在客观世界及社会生活之中,不可避免地受到语言的制约(Sapir,1949),例如,"番茄"在不同语言里所属的分类不同,既可以被当作蔬菜,也可以被当作水果。这种差异的出现,并不是"番茄"在不同的自然环境中形成了蔬菜或水果的亚种,而是不同语言文化中不同认知造成的结果,即不同文化中形成不同的人为分类。词汇对世界的分类受制于言语集团的语言习惯,语言不同,人们观察和认知客观世界的媒介也各不相同。语言就好比一个能够折射客观世界的"棱镜",不同民族依靠这个"棱镜"来观察和认知世界,民族语言的各不相同,导致不同民族对客观世界的感知和认知不同。这也表明,当人们依赖语言这个"棱镜"来观察和认知世界时,他们所认识的现实世界就不再是原原本本的客观世界,而是经过人类语言"折射"

(加工)后的世界。

萨丕尔有关语言与思维、文化之间密切关系的思想在沃尔夫那里得到进一步继承和发展。沃尔夫的研究重心从词汇转移到语法,他断言"所有观察者对相同客观事物不可能产生相同的世界图景,除非他们的文化背景相似或者可以通过某种方式校对"(Whorf, 1956: 214)。沃尔夫(Whorf, 1956: 140)对比考察了霍比语(Hopi)和均质欧洲语言(Standard Average European language, SAE),后者主要包括英语、法语、德语以及其他几乎没有差别的欧洲语言,发现 SAE 语言里的时间名词(phase noun)诸如英语里的 summer(夏)、September(九月)、morning(晨)、sunset(傍晚)等和其他名词一样有复数形式,如"a summer"(一个夏天);但霍比语中的这些词不是名词而是副词,如霍比语不说"Summer is hot"(夏天很热),因为"夏天"不是热,只有在条件炎热、高温发生时才是夏天;霍比人也不说"This summer"(这个夏天),而说"summer now"(夏天当前)。这表明霍比语不像 SAE 语言,没有将一段时间实体化为一个区域、一个范围或是一个数量。沃尔夫认为对于相同的客观事物,两种不同言语集团在语言世界图景方面存在很大差异,这既由语言模式的塑造功能决定,又是语言所在的文化、生态环境等多方面互动的结果。理解方式(对客观世界的认知)产生了表意方式(语言表征模式),但理解方式本身在历史进程中也是受到表意方式及其具体表达形式的影响和塑造(Robins, 1965: 107),即"语言表达思维也构造思维"(Whorf, 1956: 214),语言与思维、文化相互影响和塑型。

沃尔夫与萨丕尔的语言哲学思想有着明显的承继和发展轨迹,体现在萨丕尔是在语言"内面"的意义上考察思维模型,而沃尔夫则意在直接揭示语言与文化模型之间的联系(申小龙,1990)。因此,沃尔夫的相关论述和观点被后人总结为"萨丕尔-沃尔夫假说"。这一假说涵盖两个方面。

一是语言决定论(linguistic determinism),所有高等思维都依赖于语言,即语言决定思维。沃尔夫所言的高等思维,实际上只有人类拥有。沃尔夫断言,"实际上,思维是最为神秘的,而照亮思维的最明亮的光,来自语言研究。这种研究表明,个人思想的形式,受控于他意识不到的模型规律"[1](Whorf, 1956: 322)。语言决定论主张的,是人类个体思维与语言之间的关系,个体思维受到个体母语结构的约束。

二是语言相对论(linguistic relativism),不同语言说话者对世界的感知和体验不同,即与他们的语言背景有关。他认为:"基于这一事实,就是所谓的'语言相对论原则',这是非正式的术语,意思是,有着显著不同语法的语言使用者,由语法指向不同类型的观察,指向对外部看来相似的观察行为所做的不同评价,由此,作为不对等的观察者,必然达致多少都有些不同的世界观。"[2](*Linguistics as an Exact Science*, 1940: 282-283)语言决定论在学界遭致广泛质疑,几乎无人支持此版假说(Brown & Lenneberg, 1954; Carroll & Casagrande, 1958; Chen & Starosta, 1998; 高一虹, 2000: 182; Kay & Kempton, 1984; Lardiere, 1992; Levison, 1996; Lucy, 1992; Neuliep, 2000; Pinker, 1994; 潘文国、谭慧敏, 2005: 73; 张振江, 2007: 16; 等),但语言相对论则有着广泛的影响力,涉及领域包括社会学、人类学、人类语言学、社会语言学、认知语言学、神经语言学等。

洪堡特的语言思想及萨丕尔-沃尔夫的语言相对论假说的核心要义在于,语言是一种世界观。后世学者对此不断有所阐发,如潘文国(1995)认为,每个民族因其语言不同,加上自身体验、自然环境、社会生活、文化特质不同,看待现实的方式以及价值观都会存在民族性特征;路希(Lucy, 1992: 294)也指出,不同语言在解读自然或社会现实时形成的不同形式是"不同思维方式对现实认识的结果"。加拿大哲学

---

1 Actually, thinking is most mysterious, and by far the greatest light upon it that we have is thrown by the study of language. This study shows that the forms of a person's thoughts are controlled by inexorable laws of pattern of which he is unconscious.

2 From this fact proceeds what I have called the "linguistic relativity principle", which means, in informal terms, that users of markedly different grammars are pointed by their grammars toward different types of observations and different evaluations of externally similar acts of observation, and hence are not equivalent as observers but must arrive at somewhat different views of the world. (*Linguistics as an Exact Science*, 1940: 282–283)

第 3 章 对比语言学的"形而上"

家泰勒（Charles Taylor）进一步发展了语言相对论，认为理解语言的意义不仅要理解语言规则，更要"依靠生活世界作为背景"（Taylor，1995：167），即语言只有在语境和文化背景中才有意义，才能被理解。

3.3 对比分析"形而上"的意义

语言差异反映的是民族思维、世界观的差异。具体到本书的研究内容，"形而上"的考察将聚焦于"物"与"事"的中西方感知和认知异同上。中国人对"物"和"事"的量化方式同一，观察世界的方式"事物"同理，遂有"和"的观念、"整体"观念以及"天人合一"观念。以英语为代表的欧洲语言对"物"与"事"的量化方式相异，观察世界的方式"事物"分立，遂有"主客二分"和"二元分立"的观念。

首先，汉英两民族对"物"和"事"的量化方式不同，在语言表层结构上表现出对不同词类的修饰关系不同。在本书第 4 章和第 6 章我们将会看到，汉语中对名词短语和动词短语的量化方式相同，比如，"打个哈欠"与"打个落花流水"，量词"个"对名词短语"哈欠"和动词短语"落花流水"不加区分地加以限定；"吃了三个苹果"与"喝了三个钟头的酒"分别是"V + Q + N"（V 表动词，Q 表数量，N 表名词）和"V + T（的）+ N"（T 表时间）句构，Q 是对名词的量化，T 是对动词短语的量化，但量化方式相同。这都表明汉语里对表"物"的名词短语和对表"事"的动词短语不加区分地加以量化。这与英语有着明显的不同。第 4 章和第 6 章会做进一步的对比分析，此处不详述。

再者，对汉语民族来说，时空具有合一特性，这与"事物"的合一性密切关联。现代语言学意义的"时间"是指事物的运动变化，而汉语民族认为事物变化在于本质，本质包含于事物之中。阳为变，阴为化。"万物负阴而抱阳，冲气以为和"（老子《道德经》），万物变化归一这是事物存在的常态。因此，汉语时间在空间中、"事"在"物"中，时间与空间都被实体化为事物，故汉语只有名词而已。汉语句子的组合便是名词短语，即名词与名词的组合而已，既可以是"空间名词 + 空间名词"

49

(如：鲁迅绍兴人。)，也可以是"空间名词＋时间名词"（如：鲁迅写作。），还可以是"时间名词＋时间名词"（如：写作费脑筋。）。这与西方语法意义上的"主语＋谓语"型语言不同，汉语不通过成分的语法标记和严格的形式逻辑来造句达意，也正是在这个意义上，我们可以理解汉语里常说的"音句"概念。

刘勰在《文心雕龙·章句》中论述"积字以成句，积句以成章"（牟世金，2022：548）。这里指的是"音句"和"辞章"。"音句"是词组的自然形态，是受节律制约的句读单位（申小龙，1994：11），古人亦称之为"小句"（申小龙，2013：89），是构成汉语句子的基本单位（郭绍虞，2009：334）。音句的长短依据韵律来调节，成分的排列按照空间顺序的一致性来完成（比如从大到小、由远及近、由起点到终点），反映了汉语句子的组织关系是音句的组织关系，即词组或短语的组织关系，这种组织关系或者说事件的呈现方式具有空间性，而空间性是"物"的特性。王文斌和艾瑞（2022：327-328）也论证了汉语语序的空间性原则在词、句、篇章等各个层级的合成和并列结构中都有体现，佐证了在语言上反映出的汉语时空同态的时空观，在本书后文的论证中即是"物""事"合一观。

比较之下，西方语法意义上的"主语＋谓语"型语言则不同，该语言族群对世界的认知与范畴化遵照"物""事"分立的世界观，名词所指称的"物"和动词描述的"事"是分别具有静态空间性与过程时间性，二者在本质上截然不同。"物""事"两极对立、矛盾互斥，表现在语言上则是名词和动词分立，对"物""事"的量化方式不同，分别表现出空间性与时间性。

总之，在本书的探索中，汉英两民族对"物""事"看法的不同决定了对应的量化方式不同，从而形成了语言形式上的差异，而在不同的语言形式制约下，又巩固着两民族彼此各异的世界观。汉语民族对"物"与"事"量化方式相同，有将动作空间化的思维特征，视时空同态、"物""事"同理。而西方语言形式上"物"与"事"量化方式相异，具有时空两分的思维特点，"物""事"分立。

承认语言是一种世界观，就是承认语言除具有工具性外，还具有人文性，在语言表层结构之下，深藏着语言内部的结构系统，即洪堡特所称的语言的"内蕴形式"，凝结着该民族的精神与文化。正如沃尔夫所言，"一个人的思想形式，受他所不意识到的语言形式的那些不可抗拒的规律的支配。这些形式是自己的语言的那些觉察不到的、错综复杂的系统化——这是很容易看出的，只要我们把这种语言同别的语言（特别是属于别的语族的那些语言）作一个公正的比较和对比的话"（转引自申小龙，1993：151）。正因如此，语言对比分析的"形而上"就意味着，通过考察不同语言系统内含的结构规律，比较不同语言内蕴形式的共性和差异，进而揭示不同语言民族的世界观。

3.4 本章小结

洪堡特语言世界观指出，"语言不是已经完成的产物，而是一种不间断的创造活动"（Humbolt & Michael，1836/1988：48）。将语言放在世界观、"人类精神活动"的格局上去对比分析，不仅能展现语言表层现象的异同，也能追究缘何不同，更能挖掘语言共性、个性背后的民族文化性及认知动因，有助于增进东西方文化乃至不同文化之间的理解，促进文明互鉴，使人类更加和谐地相处。

第 4 章
类型学视野下汉英名词的数范畴

4.1 引言

名词作为指称客观世界实体的重要词类，在世界语言中普遍存在，但名词的指称功能随语言的不同而具有不同的类型学特征（Chierchia，1998），汉语和英语的名词恰好代表了不同的语言类型。本章在类型学视野下，就汉英语言名词的类型学特征、可数名词与不可数名词的区分标准、名词的内部转类（type-shifting）作比较分析，进而探讨其语言世界观价值。

4.2 名词指称功能与汉英名词的类型学特征

语义学中的"指称论"（referential semantics）有一个基本的观点认为，世界各语言的名词具有两类指称功能，要么指称属性（property），要么指称类别（kind），但有些语言的名词指称介于二者之间（参见 Carlson，1977；Chierchia，1998，2008；Li，1999；等）。

"属性"是自然语言谓词表达的语义对应物（Chierchia & Turner，1988）[1]。也就是说，指称属性的名词具有谓词性质，按照语义学中的

---

[1] Properties are the semantic counterparts of natural language predicate expressions. (Chierchia & Turner, 1988).

类型论，其逻辑类型为 <e, t>，即把谓词当作函数时，输入一个论元性实体 <e>，函数输出的是句子（命题）<t>[1]。与指称属性相对，有些语言的名词指称"类别"，即"论元性实体"[2]（Chierchia, 1998）。指称类别的名词不能作命题中的谓词，仅能作论元，其逻辑类型为 <e>。

上述指称论观点，通过各语言名词使用的不同表达特点得到验证。名词指称属性的语言里，由于名词可以作逻辑谓词，其语义类型是 <e, t>，又由于数词的语义类型也为 <e, t>，根据谓词修饰原则，数词可直接附加在谓词性名词之上[3]，在形态上就是名词可直接附加数标记（如英语中的复数标记 -s），成为"数标记型语言"。在名词指称类别的语言里，名词指称论元性实体，其语义类型是 <e>，由于这类名词不是谓词 <e, t>，作为谓词的数词就不能直接附加在名词上，这时需要把名词转变为指称属性，然后方可与数词结合。怎样才能将名词转变为指称属性呢？这就需要一个中间成分，该成分具有 <<e, t>, e> 的语义类型，当把名词作论元输入给这个成分时，就可以得到一个具有谓词性的成分 <e, t>，这时数词才可以限定这个谓词性成分。这个中间成分就是量词（又称"类别词"，classifier），其语义类型为 <<e, t>, e>。这类语言在名词形态特征上就是"量词型语言"。

依上所述，如果一种语言的名词能够直接指称属性，那么该语言的名词就具有谓词性质，其在类型学特征上就是"名词作为属性"语言。如果一种语言的名词指称类别，那么该语言在类型学特征上就是"名词作为类别"语言。有些语言的名词指称处于上述两种语言之间〔如丹

---

[1] 在指称语义学的类型论里，存在两个基本的逻辑类：e 和 t。e 是个体常元的逻辑类，t 是公式的逻辑类。由这两个逻辑类，可以构造出更为复杂的逻辑类，如一元谓词的逻辑类为 <e, t>。即当给一元谓词输入一个实体 <e> 时，函数输出的是命题 <t>。在英语里，普通名词跟一元谓词同属一个逻辑类，即 <e, t>。拿一元谓词 run 和 teacher 来说，有下面的例子：a. John runs.（John 是实体 <e>，输入给函数 run'（x run），得到的是命题 <t>：[[John run]]）；b. John is a teacher.（John 是实体 <e>，输入给函数 teacher'（x be teacher），得到的是命题 <t>：[[John be teacher]]）。

[2] Kinds are entities of an argumental type（i.e., of type e）.（Chierchia, 1998）

[3] 根据弗雷格和罗素关于数的概念（Chierchia, 2008），数词在本质上是形容词性的，因而与形容词一样需要"特征外延"（property extension）作为论元，数词与属性结合得到的仍是属性，也就是说，能够被数词直接限定的名词指称"属性"。

第 4 章　类型学视野下汉英名词的数范畴

尼语（Dëne）等］，可称为"数中性语言"（number-neutral language，Chierchia，2008）。由于从名词指称功能的角度来看各语言的名词时，名词的句法和形态特征没有包括进来，因此，我们可以把名词因指称功能不同而形成的语言类型学特征称为"隐性类型学特征"（covert typological characteristics）；与此相对，我们把名词因指称功能不同而造成的形式表达上的特征称为"显性类型学特征"（overt typological characteristics）。

具体到汉语和英语，依据吉尔伽（Chierchia，2008）的观点，在隐性类型学特征上，英语是名词作为属性的语言，汉语是名词作为类别的语言；在显性类型学特征上，英语是数标记型语言，而汉语是量词型语言[1]。英汉语的名词隐性类型学差异通过显性类型学特征之间的差异得到验证和体现。为了说明英汉语名词的显性语言类型学特征差异，我们先来比较以下两组句子：

（1）a.* The boy drank five water in three minutes.
　　　b.* 那个男孩三分钟内喝了五水。

（2）a.* That gold is at least thirty.
　　　b.* 那金子至少三十。

以上两例表明，英语和汉语中的不可数名词都不可直接接受数词修饰，如例（1a-1b。* 表示句子不成立。下同）。此外，当不可数名词（短语）在主谓结构中作主语时，英语和汉语中的数词都不可以单独作谓语，如例（2a-2b）。实际上，不可数名词不能直接受数词修饰是世界语言的普遍特征（Chierchia，2008）。但当例（1）、例（2）中的不可数名词换成可数名词短语的时候，英汉语体现出截然不同的差别：

（3）a.　The boy sang five songs in three minutes.
　　　b.* 那个男孩三分钟唱了五歌。
　　　c.　那个男孩三分钟唱了五首歌。

---

[1] "隐性类型学特征"和"显性类型学特征"是笔者为了区分指称上的类型学特征和句法形态上的类型学特征而设立的，Chierchia 本人并没有作出这类区分。

（4）a. Those desks are at least thirty.
　　　b.*那些课桌至少三十。

例（3a–3b）的对比说明，英语中数词可以直接修饰可数名词复数，验证了英语中的名词指称属性；而汉语中数词不可以直接修饰名词复数概念，必须辅以量词[1]（如例（3c）），验证了汉语中名词指称类别。[例（4a–4b）]的对比则说明，在主语为可数名词的情况下，英语中的数词可以直接作为谓词使用，而汉语中数词不可以直接作谓语，必须辅以量词［如例（4c）］才可出现在谓语位置。总之，上述例（1）至例（4）的比较表明，在显性类型学特征上，英语是数标记型语言，而汉语是量词型语言，量词成为汉语名词在形态上区别于英语名词的重要特征。对英汉语名词的显性类型学特征的认知具有重要的语言学研究意义。从下面两节的分析我们将看到，显性类型学特征既是汉英语言里可数名词与不可数名词的区分手段，也是名词内部转类的机制所在。

4.3　名词区分的显性类型学特征

从语义特征的角度来说，世界语言都存在可数名词和不可数名词的分类。夸克等（Quirk et al., 1985: 246）把可数名词定义为"指示个体可数性实体而非未分化的量的名词"，把不可数名词定义为"指示未分化的量或连续体的名词"[2]。关于可数名词与不可数名词之间的分界问题，吉尔伽（Chierchia, 2008）认为可数名词与不可数名词之间的界线是模糊的，名词的定义特征仅可以覆盖典型性的、标准的或者说核心性的可数/不可数名词，比如英语中有些上坐标类名词（如 furniture、footwear、

1　类别词是国际语言学界对划分名词类别的语言成分的统称，在汉语研究中，通行的称呼是"量词"，参看朱德熙（1981/2000: 59–61）。本章在讨论中把类别词看作是量词的下位概念，主要指个体名词所专有的量词（赵元任，1968/2001: 233），所以"非类别词性的量词"则是指如度量衡单位、容器量词、部分量词以及物质形状类量词。

2　Nouns...denoting individual countable entities and not as an undifferentiated mass, are called COUNT nouns. Nouns ...denoting an undifferentiated mass or continuum, ...are called NONCOUNT nouns. (Quirk et al., 1985: 246) cutlery)、抽象名词（如 beauty、knowledge）等具有非典型性特征，介于不可数名词与可数名词之间。这类词在句法特征上属于不可数名词，在语义特征上属于可数名词，因此又称为"假不可数名词"（fake mass noun）。如：

（5）a.* I bought three furnitures.

＊我买了三家具。

b. I bought three pieces of furniture.

我买了三件家具。

例（5a）在句法上由数词 three 和名词 furniture 的复数直接结合，句子不合法，而必须表达成（5b）的形式才合法。汉语名词并没有形态上的要求，是不是也有必要和英语一样在可数名词和不可数名词之间列出一个中间范畴假不可数名词呢？我们认为，汉语中不存在假不可数名词。施沃茨尔德（Schwarzschild, 2007）研究发现，有一组谓词可以用来区分可数与不可数名词，可称为"强制分配性谓词"（stubbornly distributive predicate），包括 large、small、cubical、big 等。凡是可以用这些谓词作谓语成分的名词就是可数名词，反之则为不可数名词。依据这一语义区分标准，汉语中与英语假不可数名词（如 furniture、footwear、cutlery 等）对应的名词可如例（6）：

（6）a.这些家具都是立方体的。

b.这些鞋子都小。

c.这家店里卖的刃具都很大。

从例（6）可得出，汉语中"家具""鞋子""刃具"都可用强制分配性谓词来描述，而具有分配义的全称量词"都"的可介入性，说明汉语中不存在所谓假不可数名词一类。汉语不存在语法上的"数"，只有概念上的"数"，即可数名词是那些概念上可以计数的客体；不可数名词是那些概念上难以计数的客体；英语存在语法上的"数"，而语法范畴不必与客观范畴完全匹配。因此，英语中除了存在与客观相匹配的可数名词与不可数名词形式之外，还存在与客观不匹配的假不可数名词形式，即语法上是不可数的，但概念上是可数的。

在句法和形态特征上，可数名词和不可数名词也有区分手段，比如吉伦（Gillon，1992，1996）较为详尽地列举了区别英语可数名词与不可数名词的形态-句法区分标准，如表4-1所示。

表4-1 英语可数名词与不可数名词的形态-句法区分标准

序号	句法-形态标准	物质名词	可数名词
i	能否受主要数词修饰	-	+
ii	能否受准主要数词修饰	-	+
iii	能否受不定冠词修饰	-	+
iv	能否受 many 和 few 修饰	-	+
v	能否受 much 和 less 修饰	+	-
vi	是否有单数/复数对立	-	+
vii	能否接受 one 作先行词	-	+

可以发现，形态-句法区分标准都与英语的数标记直接相关，如"能否受不定冠词修饰"其实是单数标记问题等。也就是说，英语名词的显性类型学特征是区分可数名词和不可数名词的手段。

进一步，上述标准不适用于汉语。（i）能否受主要和准主要数词修饰标准对汉语并不适用；（ii）汉语中不存在冠词一类，因而谈不上适用性；（iii）英语中的存在量词（如 many vs. few；much vs. less）可以区分可数与不可数名词，而汉语的"许多"和"很少"没有这种区分功能；（iv）形态标准，即"是否有单数/复数对立"标准对汉语名词不具有区分作用，因为汉语名词无论可数还是不可数都不能直接接受数词修饰，如 *三学生 /* 五水；（v）英语中的名词可以 one 作先行词，而汉语与英语 one 的对应成分"一"不能单独使用。试比较：

(7) a. Mary gave Jill a suggestion and John gave her one too.
　　 b.* 玛丽给了吉尔一个建议，约翰也给了吉尔一。

第4章 类型学视野下汉英名词的数范畴

　　c. 玛丽给了吉尔一个建议，约翰也给了吉尔一个。
　　d. 玛丽给了吉尔一个建议，约翰也给了吉尔一个建议。

例（7）中的句子对比显示，汉语能作为先行成分的是"数+量"（Num+CL）成分，这与英语的数词 one 可以作代词截然不同；因此，严格地说，上述吉伦（Gillon，1992，1996）列举的英语名词的形态-句法区分标准，没有一条适用于汉语名词数的特征区分。

　　汉语名词不具有单复数的形态特征，可数性特征的判定是通过量词来标定的。其中"通用量词"（universal classifier）"个"具有区分可数名词与不可数名词的功能。与英语中的不定冠词"a"类似，"个"不能限定不可数名词。比如：

（8）a. a boy　　　　b. * a water
（9）a. 一个男孩　　 b. * 一个水

就汉语可数与不可数名词的区分问题，赵元任（1968/2001：233–234）曾经提出精辟的见解。在探讨"个体名词"和"物质名词"两类名词时，赵元任指出，个体名词所联系的量词是一种"类别词"，每个名词有一定的类别词，其中通用类别词"个"可以代替几乎任何一个专用的类别词；而物质名词没有专门的类别词，用 D-M（Determiner-Measure）修饰的时候，M 是（赵元任，1968/2001：233）[1]：

（10）a. 度量衡单位：一尺布
　　　 b. 容器或临时量词：一杯茶；一身雪；一屋子烟
　　　 c. 部分量词，如：一点水；那些酒；一会儿工夫
　　　 d. 物质所具有的形状：一块布；两堆土；一滩水

赵元任的上述阐述表明，英语中可数名词与不可数名词的区分以数标记特征为手段，而汉语中可数与不可数名词的区分手段是量词的使用，即

---

[1] 赵元任还指出，物质名词与个体名词的另一个区别是在 D-M 和物质名词中间可以插入"的"字，而类别词与个体名词之间则不可以，如：a. 两磅的肉 *b. 两位的先生。（赵元任，1968/2001：234）

量词标定了汉语可数与不可数名词的界限。这也揭示了两种语言中的名词在可数与不可数特征之间转类的不同运作机制。

4.4 名词内部转类机制

名词内部转类，是指名词的数特征上发生变化，即在不可数和可数特征之间产生转化。本章仅探讨名词在基础层的转类，包括英语光杆名词形式 [N]、名词复数标记形式 [N-s]，以及汉语量词加名词 [CL+N] 形式。

由可数名词到不可数名词的转类，是指用可数名词的单数形式来指称该名词指称的个体事物所具有的物质。这一转类机制吉尔伽（Chierchia, 2008）称之为"通用粉碎机"（universal grinder）。该转类在英语中由可数名词的光杆形式（bare-noun form）来完成。如：

(11) a. I bought rabbits at Trader Joe's.
　　　我在乔贸市场买了几只兔子。
　　b. I bought rabbit at Trader Joe's.
　　　我在侨贸市场买了兔子肉。
(12) a. There is rabbit in your stew.
　　　你做的炖汤里有兔肉。
　　b. *There are rabbits in your stew.
　　　你做的炖汤里有兔子。

例（11a）中的 rabbits 作为复数形式指"兔子"的个体集合，而在例（11b）和（12a）中 rabbit 作为光杆形式指称"兔子"所具有的物质，正是在此意义上（12b）不成立。英语中由可数名词向不可数名词的转类似乎比较常见，而在汉语中，像例（11）和（12）的名词转类句子（13b）和（14a）均不成立：

(13) a. 我在集市上买了几只兔子。

第 4 章 类型学视野下汉英名词的数范畴

   b.*我在集市上买了兔。

   c. 我在集市上买了兔肉。

（14）a.*你的炖汤里有兔子。

   b.*你的炖汤里有几只兔子。

   c. 你的炖汤里有兔肉。

  可见，当汉语需要表达与可数名词相对应的不可数物质概念的时候，常常用一个物质性名词语素与该可数名词构成不可数的复合名词；或者在可数名词后面使用量词来达到"粉碎"的效果［如例（15b–16c）］，而更常见的形式则是用非类别词性质的量词，即例（11a–11d）的量词类型，如例（16）：

（15）a.*你的炖汤里有苹果。

   b. 你的炖汤里有苹果味。

   c. 你的炖汤里有苹果片。

（16）a. 我刚买了一个西瓜。

   b. 我刚买了十斤西瓜。

   c. 张三今儿钓了一条鱼。

   d. 张三今儿买了三斤鱼。

  上述对比表明，英语中可数名词向不可数名词转类的"通用粉碎"功能是由可数名词的光杆形式来实现的；而在汉语中，可数名词要表达不可数概念，有两种实现途径：一是在可数名词后面附加不可数名词性语素（如"肉""味"等）；二是使用量词（如"斤""吨""堆"等）。

  与"通用粉碎"相对，由不可数名词向可数名词的转类则称为"通用打包"。在英语中，不可数名词向可数名词转类的实现途径是把复数标记强制性用在不可数名词上面，该转类机制称为"通用打包机"（universal packager）（Chierchia，2008）。如：

（17）a. He didn't drink water enough.

   他喝水不够。

   b. A great ship asks deep waters.

大船要航行在深水区。

(18) a. People in the West love coffee.

西方人爱喝咖啡。

b. I said a ['ei] coffee, not two coffees.

我说的是"一杯"咖啡，不是"两杯"。

例（17a）和（18a）中的"water""coffee"分别指称"水"和"咖啡"物质；而在（17b）和（18b）中，这两个名词在复数标记（-s）的作用下实现向可数名词的转类，分别指"不同的水体"和"咖啡的服务方式"。"通用打包"现象在英语中也同样具有普遍性，但确有部分不可数名词拒绝这种转类（如blood、milk等）。如：

(19) a. John lost much blood.

约翰失了不少血。

b.* I had three bloods.

* 我输了三血。

例（19b）可设想为在医院中的输血情景，尽管输血以常规单位来提供，有如咖啡馆中咖啡的服务方式，但blood一词不可以直接通过附加复数标记来实现转类。类如blood、milk等不可数名词，在名词基础层上无法实现转类，却可通过上升到短语层并借助量词来实现数特征的转类。如：

(20) a. I had three portions of blood.

我输了三包血。

b. I drank two bottles of milk.

我喝了两瓶牛奶。

例（21）在名词短语（three portions of blood, two bottles of milk）的层次上发生了"可数性转化"。我们发现，对这个短语层次的"打包"，复数标记（-s）仍必不可少。因而，复数形态"-s"也是名词在短语层次上发生转类的"通用打包机"。

与英语相对，汉语作为量词型语言，量词是不可数名词与可数

第 4 章　类型学视野下汉英名词的数范畴

名词之间的转类机制所在。特别是作为通用量词的"个"（赵元任，1968/2001：233-234）具有"通用打包机"的功能，体现在它可以把不可数名词和抽象名词转类为可数名词，成为"V 个 NP"结构。如：

（21）a. 来，小伙子们！喝个胜利酒儿吧！（梁斌《红旗谱》）
　　　b. 什么 XO 人头马，酸的苦的；什么螃蟹大虾田鸡腿，一个味儿。（魏润身《挠攘》）
　　　c. 这些个困难，使他更咬牙努力。（老舍《骆驼祥子》）
　　　d. 人常常会在一刹那间，也许只是因为一个眼神一个手势，伤透了心，破坏了友谊。（宗璞《红豆》）

例（21）中各句的名词"酒儿""味儿""困难""眼神"呈现从物质到抽象的一个序列，"个"使这些成分发生"个体化"（individualization）。"个"的这种"通用打包机"的功能还体现在它可以把形容词和动词体词化，更体现在它使"V 个 VP"结构表达的事件个体化（张谊生，2003；石毓智、雷玉梅，2004）。例如：

（22）a. 而且我根本不打算叫你，因为我想让你睡个饱。（《红苹果之恋》）
　　　b. 她渴要有一个亲人让她抱住了痛哭，让她诉说个畅快。（《子夜》）
　　　c. 如果她知道我交上男朋友，她一定会把我打个半死。（《合家欢》）
　　　d. 第一天上地畔，他就把上身脱了个精光。（《人生》）

例（22a-22d）中的形容词（如"饱""畅快""精光"）和动词（如"死"）在量词"个"的"通用打包"功能下，不仅转类为名词，而且转类为个体名词，并使整个"V 个 VP"结构发生"个体事件化"（individually eventualized）。这些都充分表明了量词"个"的强大"打包"功能。

4.5 量词"个"的"打包"功能

上文例(21)和例(22)分别展示了量词"个"对不可数名词和形容词的"打包"功能,本节重点讨论量词"个"在"V 个 VP"结构中对动词短语的"打包"功能。

关于"V 个 VP"(如"打个落花流水""喝个饱"等)结构的句法和语义特征,以及该结构中"个"的性质和功能,学界已作了大量探讨,基本观点分为三类。

第一类观点把该结构视作述宾结构,以赵元任(1968:163)、朱德熙(1982:121)、邵敬敏(1984)、马庆株(2004:104–105)等为代表,认为量词"个"使后面的形容词或动词体词化。朱德熙(1982:121)认为,"形容词或动词前边加上'个'变成体词性结构以后充任宾语","表示程度高"。石毓智和雷玉梅(2004)也赞同"个"标记宾语的观点,认为该结构中的"个"是其量词用法的一个扩展。李剑影(2007)认为该结构为"给予"原型的放射性范畴。

第二类观点认为该结构为述补结构,以丁声树(1979:66)、游汝杰(1983)、聂志平(1992)等为代表,在这一观点下,该结构是带"个"的补语形式,表达结果性意义,其中的"个"同"V 得 VP"中的"得"一样为结构助词。

第三类观点认为该结构是从述宾结构到述补结构的连续统,以张谊生(2003)为代表。张谊生对出现在该结构"个"前后的成分及其之间关系作了较为详尽的分析,在连续统的观点下总结出区分该结构的述宾型和述补型的五条标准,并认为述补型所占比重较大。

下文主要以时体和事件特征为视角,探讨在"VP"为形容词或动词短语的情况下,"V 个 VP"结构所具有的句法、语义及语用特征。分四个部分展开论述,先是简述时体与事件的关系,接着论述"V 个 VP"结构的事件特征,然后在事件特征视角下分析该结构中"个"的性质和功能,最后论述"V 个 VP"结构的事件语义和语用特征。

4.5.1 时体特征与事件

"事件"最初是哲学领域的议题（如 Reichenbach，1947；Vendler，1957；Davidson，1967），后逐渐被语言学界引入并讨论，尤其是在时体语义学、事件语义学等研究领域（如 Verkuyl，1972；Dowty，1979；Pawley，1987；Rothstein，2004；Lambalgen，2005；等）。但不同的学者对"事件"的定义并不相同，本研究采纳葆勒（Pawley，1987：335-336）较为简单的处理方法，把"事件"定义为"是指包含一个动词的小句的意义，动作的发生通常置于特定的时间和地点"。该定义基本上与扎克斯和特伏尔斯基（Zacks & Tversky，2001）从认知心理学的角度对事件的定义相符合："由观察者构想的处于既定位置的有起点和终点的时间片断。"[1]

从上述两个关于事件的语言学和认知心理学的定义，可以看出事件所涉及的重要元素包括：动作、特定的时间、特定的地点。本章暂不涉及"特定的地点"（事件的场景）问题，主要对动作和特定的时间进行探讨，也就是时体特征问题。

动作是指事件发生所涉及的行为，主要是由动词来表征，而动词可以分为不同的类型，经典的动词分类是万德勒（Vendler，1957）根据动词的[±静态性]、[±持续性]、[±完整性]三类语义特征，将动词分为四类：状态（state）、活动（activity）、达成（accomplishment）[2]和瞬成（achievement）。但根据事件的定义，并非所有这些动词时体类别都可以构成事件，其中时间特征的"片断性"是事件构成的核心要素。

特定的时间也就是扎克斯和特伏尔斯基（Zacks & Tversky，2001）所谓的"有起点和终点的时间片段"，这在时体语义学中常称之为具有"完整性"（telicity）或"有界性"（boundedness），从动词的非时间语义

---

[1] A segment of time at a given location that is conceived by an observer to have a beginning and an end. (Zacks & Tversky, 2001: 3–21)

[2] Vendler 所作分类中的"达成"类动词，其实更合适的称谓应该是动词短语，因为它是由"活动"类动词和能表达终结点的其他成分（如宾语和补语）合成的。下同。

特征来说,就是状态或行为过程达到终结点或发生了状态改变(change of the state)。换言之,发生了状态或行为过程达到终结点或发生了状态改变的动词时体类别具有事件特征。由此,万德勒划分的四类动词中,具有终结点和状态改变的"达成类"和"成就类"动词就可以称为"事件动词"。正是在此基础上,威克纳(Vikner,1994)把事件性(eventuality)分为四种类型:状态、过程(process)、拖延性事件(protracted event)和瞬间性事件(instantaneous event),如表4-2所示。

表4-2 威克纳(Vikner,1994)对事件性的分类

延续类	状　态	他热爱文学。 He loves literature.
	过　程	他在跑步。 He was running.
事件类	拖延性事件	他把车开出了车库。 He drove the car out of the garage.
	瞬间性事件	炸弹爆炸了。 The bomb exploded.

威克纳承袭了万德勒(Vendler,1957)和巴赫(Bach,1986)的分类系统,但在事件语义学的框架下改变了部分说法,如把"活动"改称为"过程"、把"达成"改称为"拖延性事件"、把"成就"改称为"瞬间性事件"。另外,这里的"事件性"表达这样一种含义,在动词基础形式上,上述四类动词形式仅有两类可以直接构成事件,而"状态类"和"过程类"则需要适当的句法结构形式和其他语言成分一起构成事件或者在"拖延性事件"和"瞬间性事件"中担当次级事件(sub-event)。威克纳用三类语义素元(primitives)来描写上述四种事件性类型:持续(durative)、同质(homogeneous)、静态(stative),如表4-3所示。

表4-3 语义素元与事件性

	持续性	同质性	静态性
状　态	+	+	+
过　程	+	+	−
拖延性事件	+	−	−
瞬间性事件	−	−	−

第 4 章　类型学视野下汉英名词的数范畴

表 4-2 和表 4-3 说明,"状态类"和"过程类"动词都具有 [+ 持续, + 同质] 特征,因而具有"无界性"(unboundedness),即"非完整性"(atelicity);"拖延性事件"具有 [+ 持续] 特征,同时具有 [- 同质] 特征,表明该事件类型涉及状态改变,具有时间片断特征,因而具有完整性;"瞬间性事件"具有 [- 持续, - 同质, - 静态] 特征,表明动作行为发生即结束,因而也具有完整性。总的来看,事件性的延续类表达等同于时体特征上的非完整表达(atelic expression),而事件性的事件类表达等同于时体特征上的完整表达(telic expression)。事件必须具有时体特征上的完整性,脱离了完整性就谈不上事件。

"延续性"和"事件性"的划分具有重要的语言学意义,因为这使事件语义研究与名词语义研究直接挂起钩来,使时体复合特征(aspectual compositionality)的阐释成为可能(Verkuyl, 1972;Bach, 1986;Vikner, 1994),而时体复合特征又与事件特征密切相关。在上述分类中,"状态"和"过程"的同质性特征、"拖延性事件"和"瞬间性事件"的异质性特征都与名词语义产生类比关系。在名词语义研究中,一个重要的区分特征便是"延续性"与"个体性"的划分[1](Mourelatos, 1978:425-426)。巴赫(Bach, 1986)曾提出事件性语义域与名词性语义域的如表 4-4 的对应关系。

表 4-4　名词性指称域与动词性指称域的对应

	个体性	延续性
名词域	things	stuff
动词域	events	processes

不少学者(如 Bach, 1986;Vikner, 1994:142-143)指出,动词性指称域(domain of verbal reference)与名词性指称域(domain of nominal reference)在个体性和延续性特征上具有可类比关系。名词性指称域通过名词语义特征体现出数量上的延续性或离散性特征;而动词性指称域通过动词语义特征体现出时量上的延续性或离散性特征。如:

---

[1] 在名词语义域里,"延续性"和"个体性"的区分与不可数名词和可数名词的划分既有联系又有区别,但并不等同。(Mourelatos, 1978;Bach, 1986;Vikner, 1994)

（23）a. John ate apples. / 约翰吃苹果。
　　　b. John ate an apple. / 约翰吃了一个苹果。

例（23a）中名词复数形式 apples 由于缺少限定成分（如 two、several 等），呈现的是延续性特征，动词 ate 是过程性动词，也具有延续性，经过复合的整个句子的时体特征具有延续性，或者说非完整性，因此该句子缺乏具有起点和终点的时间片段，不是事件句；而在例（23b）里，名词单数形式 apple 前面有限定成分，即不定冠词 a，呈现的是个体性特征，尽管句中动词 ate 为过程动词，具有延续性，[John ate an apple] 呈现了一个具有起点和终点的时间片段，具有个体性，也就是具有时体上的完整性特征，因此例（24b）是个体性事件句。因此，动词性指称域与名词性指称域的类比统一关系，对加深"V 个 VP"结构的理解、深化对"个"的性质和功能的认识和讨论都具有重要意义。

4.5.2　"V 个 VP"结构的事件性

在"V 个 VP"的结构特征上，学界多关注其中的每个元素（"V""个""VP"）的性质和功能，前文已述。从大类来看，"V 个 VP"结构属于述宾型结构（朱德熙，1982；邵敬敏，1984；马庆株，2004），但在时体特征上，该结构具有不同于典型述宾结构的独特性。以下将参照表 4-3 中的语义素元与事件性的类别，从"V"和"VP"之间的时体语义合成特征上探讨该结构的事件性，并从时体特征合成角度比较该结构与典型述宾结构的差异。

典型述宾结构是指由动词带一个或两个名词性短语的结构，即"V+NP"或"V+NP$_1$+NP$_2$"的结构形式，前者通常称为"宾语结构"，后者通常称为"双宾结构"，二者可统称为"典型述宾结构"；而"V 个 VP"结构处于宾语位置上的成分为"VP"，因而是"非典型述宾结构"。典型述宾结构和"V 个 VP"结构中的动词和论元都参与各自结构的时体特征合成（Verkuyl，1972：49-97；尚新，2007：14-21）。从时体语义特征的合成来看，典型述宾结构并非都表达事件，而"V 个 VP"一定表达个体性事件。如：

(24) a. 自古英雄**爱美人**，也许人家是情投意合的。(《人之窝》)
b. 真正地**爱一个人**，你就能宽恕他的一切。(《寂寞的太太们》)
c. 我办事就**爱个爽快**，开诚布公和我商量，我也开诚布公。(《子夜》)

例(24)中的"爱"是个静态动词，具有[+持续，+同质，+静态]的语义特征。其中例(24a)中的宾语"美人"也具有无定性和多指性特征，属于延续类名词短语，因而例(24a)整个句子具有延续性特征，不是事件句；例(24b)中的宾语"一个人"具有歧义，一种理解是泛指意义，则该句仍具有延续性特征，另一种理解是特别指一个人(由语境确定)，则数量"一个"提供了一个边界，整个句子具有完整性时体特征，因而可构成事件；在例(24c)中，一方面"个"的介入使形容词"爽快"体词化，从而为句子提供了边界，另一方面，"爱"和"爽快"之间构建了时体语义上的"达成"特征，即"爱"的状态在某个时间点达到"爽快"的目的状态，完成状态的改变，从而使该"V个VP"结构具有时间片段的结构特征，因而"爱个爽快"构成事件句。又如：

(25) a. 而且我本来就不会**说话**。(《纪念》)
b. 警察看见也不敢**说一句话**。(《家》)
c. 是死是活都要**说个明白**。(《野火春风斗古城》)

例(25)中的动词"说"是活动(过程)动词，具有[+持续，+同质，−静态]的语义特征。由于例(25a)中的宾语"话"没有受到限定而呈延续性特征，整个句子具有延续性特征，说话者或听话人构想不出一个具有起点和终点的时间片段，因而不是事件；例(25b)中的宾语"一句话"是限定性的名词短语而呈个体性特征，个体性的名词短语为句子提供了一个边界，句子具有完整性特征，表达一个有起点和终点的时间片段，因而属于事件句；例(25c)中"个"使动词"明白"体词化，在结构上为"说个明白"提供了边界，此外，"说"和"明白"之间构建了一个由过程到终点(或状态改变)的"达成"性时体语义特征，具有时间片段性，因此"说个明白"构成事件。再如：

（26）a. 你跟我一起死有什么好处？我未必就会**死**。（《家》）
　　　b. 所有的人都活着，只有她一个人就要**死**了。
　　　c. 他想："我要**死个值得**！"（《红旗谱》）

例（26）中的动词"死"是成就类动词，具有[– 持续，– 同质，– 静态]的语义特征。[– 持续]特征表明该动词作谓语的句子总是事件句，因为它表达一个时间点，动作发生即结束；[– 同质]特征表明，它具有类似于个体性名词短语的语义内涵，无须其他语言成分的配合就可以构成个体性事件，也即完整性事件，因此例（26a–26c）均构成事件句[1]。

从事件的内部进展阶段来看，典型述宾结构中的宾语结构允许事件进展的中间过程，因而可以插入进行体标记"在"或持续体标记"着"；而"V个VP"结构不能表达事件的中间进展阶段，即这一结构表达的事件不可插入进行体标记"在"或持续体标记"着"。试比较下面几组句子：

（27）a. 张三跑一百米。
　　　b. 张三**在**跑一百米。
（28）a. 他打个呵欠，进了里屋。
　　　b. 他打**着**个呵欠，进了里屋。
（29）a. 我倒是非要搞个水落石出不可。（《妻妾成群》）
　　　b.* 我**在**搞个水落石出。
　　　c.* 我搞**着**个水落石出。
（30）a. 说不上是什么特色名菜，也就吃个鲜吧。（《梦中的河》）
　　　b.* 我们**在**吃个鲜。
　　　c.* 我们吃**着**个鲜呢。

1　根据万德勒（Vendler，1957）和道缇（Dowty，1979）的完整性检测方法，当动词小句可插入"for"副词短语（for-adverbials）时，则该小句在时体特征上是非完整性的；当动词小句可插入"in"副词短语（in-adverbials）时，则该小句在时体特征上是完整性的。这在汉语中还没有形成一个统一的检测方法，但我们的看法是可以用表达时间段的动词拷贝结构来检测非完整体，用"在……（时间）内"介词短语来检测完整体。本章使用语义特征复合的方法来判定完整性。

例（27）属于典型述宾结构，"跑一百米"具有动作的时间片段特征，因而构成事件，"在"的介入使例（27b）表达该事件处于进行过程中；例（28）也是典型述宾结构，"打个呵欠"具有时间片段特征，构成事件，"着"插入后例（28b）表达动作事件处于持续过程中；例（29a）和例（30a）都是"V个VP"结构，"搞个水落石出""吃个鲜"都表达动作行为达到某个目的的状态变化点，因而都构成事件，但都不可以插入"在"或"着"来表达事件的进行或持续。这一点将在下文结合"V个VP"结构的语义语用特征作进一步讨论。

以上讨论可概括如下：从事件建构来说，典型述宾结构在时体特征上既可以是非完整性的，也可以是完整性的，并非所有典型述宾结构句子都构成事件句，而"V个VP"结构的时体特征具有完整性，因此该结构构成事件句；从完整性时体特征的合成来看，典型述宾结构的完整性在显性特征上是通过宾语的数量特征来确定的，可称为"非时间性结构"（atemporal construction），而"V个VP"结构中的"V"和"VP"总是通过相互配合来表达某种状态或过程改变，从而指示一个时间片段［如例（29a）和例（30a）］，其完整性特征是通过显性的时间片段得到体现的，可称为"时间性结构"（temporal construction）。因此，典型述宾结构与"V个VP"结构存在着"非时间性"对"时间性"的对立关系。从事件的进展状态来说，典型述宾结构允许进行体标记或持续体标记的介入，表达事件处于进行/持续过程之中，这一特征可称为"进行体许可"（admissive of progressive）；而"V个VP"结构不允准进行体标记或持续体标记的介入，可称为"进行体禁止"（non-admissive of progressive）。典型述宾结构与"V个VP"的事件性对比特征如表4-5所示。

表4-5 "V个VP"与典型述宾结构的事件性特征对比

	事件完整性	结构时间显性	进行体许可
典型述宾结构	±	−	+
"V个VP"结构	+	+	−

4.5.3 量词"个"作为事件标志词

关于量词"个"在"V 个 VP"结构中的性质和功能,朱德熙(1982:49,121-122)指出,形容词或动词前边加上"个"变成体词性结构以后充任宾语,主要功能是表示动作行为的程度高。邵敬敏(1984)也认为,"个"在该结构中的作用就是使后面的成分体词化充当直接宾语,整个动宾词组表达一个时间上"有界"的概念,才可以表示动作"达成"(沈家煊,1995)。因此,"个"在该结构中的功能是使形容词或动词"变成体词"。汉语作为量词型语言,量词是不可数名词与可数名词之间转类的机制所在,特别是作为通用量词的"个"具有"通用打包机"的功能,体现在它可以把不可数名词、抽象名词转类为可数名词,如例(21)所示。"个"的这种"通用打包机"的功能还体现在它可以把形容词和动词体词化,更体现在它使"V 个 VP"结构表达的事件个体化。

之所以说"V 个 VP"结构表达个体事件,主要是因为该结构中"个"前面的数词必须为缺省的"一",不能像典型述宾结构中的名词短语或者是句子那样可以接受"一"以外的数量词修饰。这里举几个典型述宾结构的例子:

(31) a. 萧队长叫他走以后,打**一个**呵欠。(周立波《暴风骤雨》)
　　　b. 萧队长叫他走以后,打**两个**呵欠。
(32) a. 要是再打**个**败仗,巷战一定免不掉了。(巴金《家》)
　　　b. 要是再打**几个**败仗,巷战一定免不掉了。
(33) a. 你不会在里头给他来**个**扫堂腿?(石毓智、雷玉梅,2004)
　　　b. 你不会在里头给他来**几个**扫堂腿?
(34) a. 我屏住丹田,双腿来**个**蛤蟆跳。(同上)
　　　b. 我屏住丹田,双腿来**几个**蛤蟆跳。

例(31)至例(34)中,名词短语"呵欠""败仗""扫堂腿"和小句"蛤蟆跳"之前不仅可以接受数量词"(一)个"的修饰,还可以接受其他数量词修饰。在不考虑主语位置论元数量的情况下,如果说"来个蛤蟆跳"表达一个事件时，那么"来几个蛤蟆跳"则表达多个事件。而在"V个VP"结构中，"个"前的缺省数词必须为"一"，表明该结构表达的事件总是个体性事件。试比较：

(35) a. 这一次一定要有始有终，争他**个**是非分明。(《人啊！人》)
b.*这一次一定要有始有终，争他**几个**是非分明。
(36) a. 有几位小姐还当享受，嘻嘻哈哈同老头闹**个不亦乐乎**。(《流金岁月》)
b.*不过有几位小姐还当享受，嘻嘻哈哈同老头闹**两个**不亦乐乎。
(37) a. 我们野战军……，把马家匪徒打了**个**没法子招架。(《论保卫延安》)
b.*我们野战军……，把马家匪徒打了**几个**没法子招架。

例(35b)、(36b)和(37b)都不成立，表明"V个VP"仅可以构建一个完整性的个体事件。因此，我们认为"个"不只是标记形容词和动词的体词化，而且标记了一个由"V"和"VP"构成的完整性个体事件。

4.5.4 "V个VP"结构的语义语用特征

在"V个VP"的语义表达特征方面，张谊生(2003)认为，补语式的"V个VP"表达的是"作为V的结果、情状"，大致有四个方面的表达特点：结果性和事件性、习语性和惯用性。其中"习语性、惯用性"是语体方面的特征，这里不作讨论。"事件性"主要是指"时间片段"的时体特征，并非通常所论的表达意义(expressive meaning)，那么，剩下的"结果性"便是张谊生所指的该结构的"表达意义"了。但这一观点无法解释如下(38)与(39)体现的语义对立：

(38) a. 您听见哥哥说了些什么话?(《雷雨》)
b. 别理这东西，小心**吃了**他们的亏。(同上)
(39) a. 说不上是什么特色名菜，也就**吃个鲜**吧。(《梦中的河》)
b. 说不上是什么特色名菜，也就**吃了个鲜**吧。

在汉语里，完整体标记"了"对句子表达的过去和将来概念并没有选择性，比如（38a）指向过去时间，（38b）指向将来时间，体标记"了"的介入都不会影响原句指向过去时间还是将来时间。而在（39a）与（39b）中，形容词宾语"鲜"并不是动作"吃"的结果，而是行为目标，（39b）中"了"的介入表达目标得到实现。因此，与目前学界的"结果性""给予性"的概括不同，我们认为"V 个 VP"结构从语义特征上来说是表达"目的达成"，因而可称为"目的性结构"（construction of goals）。"目的达成"的表达意义直接来自时体特征上的达成类事件特征，目的达成即为事态变化点。但正如上文分析所显示的那样，"V 个 VP"这一"目的性结构"不能像典型述宾结构那样插入进行体标记"在"或持续体标记"着"，即不存在中间进展状态。"V 个 VP"结构的"事件进展状态"可如图 4-1 所示：

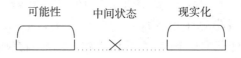

图 4-1　事件进展状态

由此可以推测，语言中所有可以用来指向现在时间的结构都可以使用进行体或持续体形式；反之，凡是不可以用进行体或持续体标记的结构必定不可以指向现在时间[1]。在这种推测下，"V 个 VP"这一目的性结构在语义表达上就只能指向两个时间概念：将来时间概念和过去时间概念[2]。但

---

[1] 可以想见，要从理论上证明这一推测，需要另一篇文章的篇幅，但"V 个 VP"结构的语言使用现实已能充分说明这一推测的正确性，详见下文。

[2] 李剑影（2007）认为"V 个 VP"指向将来时态。本书并不赞同这一说法，而是认为该结构所具有的指向将来意义，并非真正指向将来某个时间，而是指向可能世界的事件，而且这种将来意义的获得，是该结构表达达成类事件的完整性时体特征的语用含义（pragmatic implicature）。首先，大量研究表明，汉语缺乏时制系统［请参阅史密斯（Smith, 1991/1997: 343）、李讷和汤姆森（Li & Thomson, 1981: 29）、尚新（2004: 65–72）；等］，将来意义的表达主要通过时间词和情态系统来实现。"V 个 VP"结构不属于时制系统（tense），也不需要指向将来的情态动词（如"要""将""会"等）来表达可能世界的事件。其次，这一说法也无法解释例（39a–39b）中两句的表达意义对立，即并非是"将来结果"与"过去将来结果"所能涵盖的。

第 4 章　类型学视野下汉英名词的数范畴

进一步的观察发现，在无标记的情况下[1]，"V 个 VP"结构指向将来时间概念，一种"可能世界"（沈家煊，2008），从而表达主观能愿性；在有标记的情况下（如"了"的介入），该结构表达事件得到了现实化。但这两种语义特征并非"V 个 VP"结构的内在语义特征，而是其语用含义。对"V 个 VP"结构的语义-语用界面特征的推断，除了来自该结构内在语义特征的隐含意义之外，也来自这样一种显而易见的语言使用现实（Pawley，1987：334）：说话者在"言事"的同时，需要明确其情态或条件，标明该命题是肯定、疑问还是假定情状（hypothetical situation）。

之所以把"事件的能愿性"与"事件的现实化"定义为"V 个 VP"结构的语用含义，是因为根据吉伦（Gillon，2004：118），若语内语境（co-text，linguistic context）的变化能够消解某种结构在无标记情况下所具有的意义特征，则表明这种意义不属于该结构的内在语义特征，而属于语用含义。而"V 个 VP"结构在无标记情况下表达事件的能愿性，在插入体标记"了"的情况下转向事件的现实化（eventual actualization），表明能愿性属于该结构的语用含义。以下通过考察"V 个 VP"的实际表达来证实这一点。

从"V 个 VP"结构的语言使用实际来看，该结构要么表达一个能愿性事件，要么在一定语境和标记特征（如"了"）下表达事件的现实化，不存在正在进行或持续的中间状态，因而"在"和"着"都不可介入该结构。如：

(40) a. 我办事就爱个爽快，开诚布公和我商量，我也开诚布公。（《子夜》）
　　 b.* 我办事就爱着个爽快，开诚布公和我商量，我也开诚布公。
(41) a. 凯洛琳老实不客气照样吃个精光。（《巴西狂欢节》）
　　 b.* 凯洛琳老实不客气照样在吃个精光。

---

[1] 关于"有标记"（marked）和"无标记"（unmarked），可参阅巴蒂斯泰拉（Battistella，1996：3–20）和沈家煊（1999：24–36）。

例(40a)中"爱个爽快"表达说话人对事件发生的主观能愿性,并非表达对将来事件的肯定,持续体标记"着"不可以插入这一结构;例(41a)"吃个精光"在前文语境的照应下省略了体标记"了",同样该结构不允许进行体标记"在"的插入来表达事件处于进行状态。

在无标记情况下,"V个VP"结构往往可以和表能愿的动词"能""要""会"等连用,如:

(42) a. 追!追!**追**他**个**屁滚尿流!(杜鹏程《论〈保卫延安〉》)
  b. 追!追!(**要**)**追**他**个**屁滚尿流!

(43) a. 他又挣扎起来,两手爬着冲向敌人,想扯起敌人的腿拼**个**死活。
  b. 他又挣扎起来,两手爬着冲向敌人,想扯起敌人的腿(**要**)拼**个**死活。

(44) a. 她渴要有一个亲人让她抱住了痛哭,让她诉说**个**畅快。(茅盾《子夜》)
  b. 她渴要有一个亲人让她抱住了痛哭,让她(**能**)诉说**个**畅快。

(45) a. 如果她知道我交上男朋友,她一定**会**把我打**个**半死。(岑凯伦《合家欢》)
  b. 如果她知道我交上男朋友,她一定把我打**个**半死。

(46) a. 酒**要**喝**个**痛快,话**要**说**个**痛快,成不成?(李佩甫《羊的门》)
  b. (咱们)酒喝**个**痛快,话说**个**痛快,成不成?

例(42)至例(44)三组句子说明,在无标记的情况下,插入"要""能"表达同样的句子意义;例(45)和例(46)两组句子则表明,在句子有情态动词"会""要"的情况下,去掉这些词,句子表达的意义不变。这都充分说明"V个VP"结构的光杆形式表达事件能愿性的语用特征。

而在有标记的情况下,即完整体标记"了"的插入,"V个VP"结构表达事件的现实化,在其他语境因素(如句法结构、时间词)影响下,有时体标记"了"可以省去。如:

第 4 章　类型学视野下汉英名词的数范畴

（47）a. 丁兰兰上次恋爱时的日记就被她看了个够。（谌容《梦中的河》）

b. *丁兰兰上次恋爱时的日记就被她看个够。

（48）a. 白天被人嫖了个够，晚上回到你这儿讲感情。（安顿《绝对隐私》）

b. 白天被人嫖个够，晚上回到你这儿讲感情。

（49）a. 杨百顺讨了个没趣，斜看了老孟一眼，扭着脖子走了。（李晓明、韩安庆《平原枪声》）

b. 杨百顺讨个没趣，斜看了老孟一眼，扭着脖子走了。

（50）a. 酒瓶子落地，摔了个粉碎，白酒洒了一地，散放着酒香。（冯志《敌后武工队》）

b. 酒瓶子落地，摔个粉碎，白酒洒了一地，散放着酒香。

c. 酒瓶子落地，摔个粉碎，白酒洒一地，散放着酒香。

例（47a）表达"看个够"事件的现实化，而在例（47b）中由于缺少完整体标记"了"，句子变得不合法[1]；例（48a）带有体标记"了"，表达"嫖个够"事件的现实化，而例（48b）处于无标记状态，句子仍然成立，宜看作表达个体事件的能愿性。例（49a）"讨了个没趣"表达个体事件的现实化，例（49b）由于语境中"斜看了""走了"等因素的存在，省去"了"之后表达意义没有变化；例（50a）"摔了个粉碎"表达个体事件的现实化，例（50b）由于语境中存在"洒了一地"的照应，省去"了"后意义没有变化，但若该句两处"了"都不出现如例（50c），则可认为"摔个粉碎"处于无标记状态，例（50c）则有表达观察者构想一个可能事件的表达效果，即仍然表达个体事件的能愿性。

实际上，从语用含义的角度，我们可把"V 个 VP"定义为"能愿性事件结构"（construction of emotive events）。事件完整性特征对"V 个 VP"结构的语用含义起了决定性作用，使其与"可能世界"发生关联，

---

[1] 这里除了体标记因素和语境因素外，韵律特征似乎也是影响句子是否成立的因素，如：丁兰兰上次恋爱时的日记就被她**看个不亦乐乎**。但韵律因素的探讨已超出本节范围。

在无标记情况下表达主观能愿性事件，而在有标记情况下表达能愿性事件得到了现实化，从而体现出"非现实"（irrealis）与"现实"（realis）[1]（Gillon，2004：65-70）、"可能世界"（possible world）与"现实世界"（realistic world）的表达对立。

4.6 汉英名词数范畴里的世界观

名词因指称功能不同而形成"名词作为属性"和"名词作为类别"的隐性类型学特征；隐性类型学特征可通过名词的使用形式得到验证并形成"数标记型语言"和"量词型语言"的显性类型学特征。显性类型学特征既是英汉语中可数名词与不可数名词的区分手段，也是英汉语中名词实现内部转类的机制所在。在名词区分的不同维度中，名词的"数"特征和名词的"边界"特征是相互关联的两个重要维度。这就使名词"数"的特征、"边界"特征与动词的时体和事件特征产生了关联对应，其产生的结果是，汉语通用量词"个"的功能不至于区分可数与不可数名词，其"打包功能"可以使形容词和动词体词化，并使汉语中的"V个VP"结构具有事件性特征，"个"起到了事件化标志词功能。

为了深入探析通用量词"个"的事件化标志功能，我们对"V个VP"结构与典型述宾结构在时体特征的完整性、结构的事件性以及是否允准进行体和持续体标记的插入等不同句法/语义界面特征作了较为全面的对比分析。在"V个VP"结构中，"个"既是量词，行使"通用打包机"的功能，使"VP"体词化，又是结构性助词，作为个体事件标志词。在语义特征上，"V个VP"结构表达动作行为要达到的目的，在语义-语用界面上，"V个VP"是能愿性个体事件表达结构，可称为"能愿性事件结构"；在无标记情况下，该结构表达个体事件的能愿性，

---

[1] 根据巴特（Bhat, 1999: 65-67），"现实"与"非现实"的对立体现为：事件描述为现实化（actualised, also as actualized）还是描述为仍处于思想领域（still within the realm of thought）。前者可以指向过去或现在也已发生的事件；后者则可以指向将来，表达希望、欲求或意图。

而在有标记情况下则表达个体事件的现实化。

名词在观念上指称客观世界中的"物",而形容词或动词在观念上指称客观世界中的事态,即"事"。在汉语里,无论是可数名词还是不可数名词,也不论是名词还是形容词或动词,汉语民族均使用量词来对其进行"打包"(packaging)处理,这表明汉语民族对"物"和"事"的认知方式、概念化方式是相同的,或者说,汉语民族对"物"和"事"是不加区分的,这就是汉语民族的语言世界观,即"事物"合一观、整体观。而在英语里,不仅可数名词与不可数名词的边界是清晰的,体现为"数"的标记特征,而且名词与动词的边界也是清晰的,体现为英语里并没有用以标记名词的语法范畴可以用来标记动词或句子中的事件,表明英语民族对"物"和"事"的认知方式和概念化方式是截然二分的,即"事物"分立观、二元观。这一"形而上"的结论在后续章节中还会进一步论证。

4.7 本章小结

在类型学视野下,本章的考察发现,汉英语言名词范畴不只是形态上的不同,即英语名词可数与不可数的区分有显明的形态标记,而汉语里虽然也有可数和不可数的概念,但并没有形态标记来加以区分,主要是通过量词的搭配显示出来,比如通过能否搭配具有个体性特征的通用量词"个"来作为判断的依据。这一类型学差别可以归纳为英语是名词作为属性的语言,而汉语是名词作为类别的语言。

英语里的名词单复数形态标记和汉语里的量词不仅是名词可数与不可数的衡量依据,而且也分别是两种语言中名词转类使用的手段,比如英语里可数名词的光杆形式是名词由可数名词向不可数名词转类的手段,不可数名词则通过单数或复数标记的强制使用而转类为可数名词。前一种类型称为"通用粉碎机",后一种类型称为"通用打包机"。汉语里则是通过量词手段来实现名词的转类,比如给可数名词搭配非类别性质的量词"片""吨"等对可数名词进行"打包",反过来可通过给不可数名词搭配通用量词"个"实现可数名词的转类（如"喝个酒"等）。

在动词指称域里，英语里的名词单复数标记不能用来标定动词，而在汉语里，动量的表征还是通过量词的使用来实现，特别是通用量词"个"，其"打包功能"可以使形容词和动词发生体词化，典型的结构包括"V 个 VP"等。这一语言上的差异反映了汉英民族在世界观上的不同，即汉语民族对"物"和"事"在认知上不加区分，"物事"合一，具有整体性特征；而英语民族对"物"和"事"在认知上区分明晰，"物事"分立，具有二元性特征。

第 5 章
类型学视野与汉英时体范畴

5.1 引言

时间和空间是人类认知和把握世界的两个基本维度。人类对时间的认知要通过语言来表达和传递,因而也就逐步固化在语言的词汇、语法范畴和句法结构里。由于不同民族对时间的认知存在差异,这些差异通过语言比较能够得到清晰的展现。

词汇、时态、体态(aspect)以及事态(eventuality)分别处在词法(morphology)、语法和句法的不同层面,却是语言表征时间概念的主要手段。本章将在厘清时态、体态和事态"三态"基本概念的基础上,以语言类型学视野为观照,对比分析汉语和英语的时体类型学特征和差异,并以此形而上地探讨这些类型学特征和差异与民族心理和思维方面的关联性。

5.2 时态、体态和事态

体态和时态是语言时间表达系统的两个重要范畴。时态表达事件在线性时间轴上相对于说话时刻的位置,是"时间位置的语法化"[1]

---

[1] 语法化(grammaticalization)是指语言中某种概念的表达方式得以凝固并融入该语言的语法系统的转变过程。(Comrie,1976:10)

（Comrie, 1985: 9）；体态则指句子所表达的动作或情状是持续性的还是非持续性的，是完整的（telic）还是非完整的（atelic），是说话者"对情状内在时间构成进行观察的不同方式"（Comrie, 1976: 3）。陈平（1988）提出语言（汉语）时间系统是个三元结构：时制、时相和时态，其中后二者都包含在"体"（本书称为"体态"）这个概念里。上述关于时态和体态的定义，涉及新术语和概念，包括事件、情状、持续、完整等。要厘清这些术语和概念之间的关系，辨识体态和时态的不同，需要引入另一个重要概念——事态。

5.2.1 事态及其类型

事态是指包含一个动词的小句的意义，事态的进展具有空间和时间上的向度。我们知道，语言中的任何动词，要么表达一种状态，要么表达一个过程，要么表达一个事件。科姆瑞（Comrie, 1976: 3）用情状（situation）[1]这一术语来涵盖状态、过程和事件，也就是对动词类别的归类。任何动词所表达的状态、过程或事件都具有时间性，如若在时间有向的线轴上占据一定的长度，就可以说，这一状态、过程或事件具有持续性，可标记为[+持续]，反之，则称其有非持续性，标记为[-持续]。然而并非所有的情状都具有[+持续]特征，如"死"类，这类情状在线性时轴上仅占据一个点的位置，所以描写为[-持续]。有些情状虽然具有[+持续]性，但在线性时轴上仅占据有限的长度，表明其持续性具有一个限度，控制这个限度的前后两个端点，可称之为"起始点"和"终结点"。这时仅用[+持续]一项特征无法描述该类情状了，必须把该情状具有终结点的特征考虑进来，这就是学界普遍使用的完整性特征。由于有"终结点"总是隐含有"起始点"的特征，因而[+完

---

[1] 有关情状的研究始于拉尔（Ryle, 1947）和万德勒（Vendler, 1957）。但对于何谓情状，至今并没有一个明确清晰的定义。科姆瑞仅对情状作了说明，认为它包含过程和状态。史密斯则把"情状"和"类型"联系起来，称为"情状类型"（situation type），她把情状看作"语言的语义范畴，是带有区别性时间特征的理想情状分类"。（Comrie, 1976: 3; Smith, 1991/1997: 17）

第 5 章 类型学视野与汉英时体范畴

整]特征总是指某一情状具有终结点。比如"walk to school"这一情状，要通过 [+ 持续] 和 [+ 完整] 两项特征的结合才能加以描写，即 [+ 持续，+ 完整]。还有一些情状，虽然都具有 [+ 持续] 特征，如 love 和 walk，但二者所表达动作的状态并不相同，前者是静态的，后者是动态的，要区分这两类情状，要引入 [- 动态] 和 [+ 动态] 的对立特征。虽然"情状"所表达的概念已深入人心，然而这一术语并没有得到广泛使用，其中一个最为重要的原因，是"情状"和其下位概念"事件"之间的衔接存在问题。

1967 年，哲学家戴维森（Davidson, 1917–2003）发表了《行为动词的逻辑》一文，把行为（action）看作事件，并将事件变量（event variable）植入行为句的逻辑语义分析中，进而形成了事件变元论（event as argument）。巴赫（Bach, 1986）、葆勒（Pawley, 1987）、威克纳（Vikner, 1994）等依据戴维森（Davidson, 1967）的理论，把具有 [+ 完整] 特征的动词句称为事件句，将句子类型分为状态、过程和事件。这类观点可称为"狭义事件观"。在狭义事件观里，事件区别于状态和过程，在事件和非事件的区分上，遵循的标准则是 [± 静态性] 和 [± 完整性] 两项语义特征，即事件首先是 [- 静态] 的，在此基础上还必须满足 [+ 完整] 的语义条件。

要给"事件"和"非事件"一个统一的称呼，目前学界尚未形成统一标准，大体有三类用语之别。第一类就是科姆瑞（Comrie, 1976: 3）使用的术语情状；第二类如蒙塔古（Montague, 1973）、希金博萨（Higginbaotham, 1985: 10）以及迈恩葆（Maienborn, 2008）等仍用"事件"这一术语，把所有动词句（含形容词句）都称为事件，再下位分类为通指事件（静态动词和形容词句）和具体事件（含过程动词和短暂动词句），可称为"广义事件观"[1]；第三类如巴赫（Bach, 1986）等用事态来涵盖状态、过程和事件。本书采纳巴赫（Bach, 1986）等的做法，用"事态"这一术语来涵盖状态、过程和事件，理由包括：（1）可

---

[1] 在事件的看法上，还有一些学者（如 Ritter & Rosen, 1998；等）把所有的非静态情状（non-statives）称为事件，这一类观点处在广义和狭义中间。

方便地衔接当今国际学界正着力发展的事件语义学（event semantics），该新兴学科不只是研究事件本身，而且涵盖了对状态和过程的研究；（2）可方便地用事件时间（E）来统指状态、过程和事件的内在时间特征。因为事态与事件两个术语不仅在发音和字形上体现了内在的密切联系，而且在语义特征描写上，学界实际上在使用同一套区别特征体系来对二者进行讨论，如［± 动态］和［± 完整］；（3）可方便地使用统一的字母 E（或 e）来进行语言形式上的描写，特别是在形式语义描写的情况，可用事件论元 e 来统指状态、过程和事件；（4）可方便地统一来自英文带有"-ality"词缀的术语汉译[1]。

在事态的研究领域里，事件的定义无疑占据着核心的地位。在这一问题上，本书持狭义事件观，采纳葆勒（Pawley, 1987: 335-336）的处理方法，把事件定义为"指包含一个动词的小句的意义，动作的发生通常置于特定的时间和地点"。该定义基本上与扎克斯和特伏尔斯基（Zacks & Tversky, 2001）从认知心理学的角度对事件的定义相符合："由观察者构想的处于既定位置的有起点和终点的时间片断。"[2] 上述两个关于事件的语言学和认知心理学的定义表明，事件所涉及的重要元素是：动作、特定的时间、特定的地点。这里的动作和特定的时间分别表明了事件的［+ 动态］和［+ 完整］信息特征。而"事件句"（event sentence）则是具有［+ 动态，+ 完整］语义特征的行为句[3]；相应地，"事态句"（eventuality sentence）则是涵盖了具有［± 动态］和［± 完整］特征的句子，包括状态句、过程句以及事件句。至此，可以用［± 动态］、［± 持续］、［± 完整］三项语义特征来刻画一个事态。通过语义特征匹配组合，可能的事态类型有如下八种，见表 5-1。

---

1 如 modality（情态）、aspectuality（体态）、eventuality（事态）等。
2 A segment of time at a given location that is conceived by an observer to have a beginning and an end. (Zacks & Tversky, 2001: 3-21)
3 沈家煊根据句子表达的"有界"和"无界"来区分事件句和非事件句，这一区分标准强调的是事件的边界特征。（沈家煊，1995：367-380）

表 5-1 语义特征组合与事态类型

	事态语义特征	经验证据	类型
A	[+ 动态，+ 持续，+ 完整]	John ran a mile.	渐成
B	[− 动态，+ 持续，− 完整]	John loves Mary.	状态
C	[− 动态，− 持续，+ 完整]	经验世界里不存在	——
D	[− 动态，+ 持续；− 完整]	经验世界里不存在	——
E	[+ 动态，− 持续，− 完整]	经验世界里不存在	——
F	[+ 动态，+ 持续，− 完整]	John ran.	过程
G	[+ 动态，− 持续，+ 完整]	John died.	瞬成
H	[− 动态，− 持续，+ 完整]	经验世界里不存在	

可以看出，上述语义特征组合得出的可能事态里，有四类在经验世界里并不存在，比如对于 H 类来说，很难想象一个静态的事态具有完整性。而 A、B、F、G 四类恰恰是万德勒（Vendler，1957）对动词所划分的四种类型，即状态、活动、达成和瞬成。但这并不表明事态类型等于动词类型，因为事态是句法层次的概念，而动词类型是词汇层次的概念。

5.2.2 体态及其类型

语言中有两种"体态"。一种称为"语义体"（semantic aspect）[1]，是指句子所表达的事态是动态的还是非动态的（[± 动态]），是持续性的还是非持续的（[± 持续]），以及是否具有完整性（[± 完整]）。有关语义体探究的经典文献是万德勒（Vendler，1957）。上文已经提到，万德勒依据 [± 静态]、[± 持续]、[± 完整] 三类语义特征将动词类型四分：状态、活动、渐成和瞬成。状态和活动类动词侧重表达动作的持

---

[1] 学界对语义体有不同的称呼，如时相（陈平，1988）、词汇体（Olsen，1997）、情状体（Smith，1991/1997），或述谓体（Verkuyl，2008）。弗库尔（Verkuyl，1976）较为详细地讨论了体态信息（aspectual information）的合成性特征（compositionality），表明体态不只涉及动词，而必须在小句的层面上加以考察，如谓语动词和其论元的相互作用。

续性，呈非完整特征，即 [– 完整]；渐成和瞬成类动词侧重动作达至终结点，呈完整特征，即 [+ 完整]。

由于语义体具有内在性和客观性，所以独立于具体语言，在世界语言中普遍存在。语义体也是内在包含三个时间阶段的结构体，包含起始、持续和结尾三个阶段（Smith, 1991/1997: 66；尚新，2007: 7）。其中持续阶段隐含起始阶段，因此可把这两个阶段合并称为"核心阶段"。状态类和过程类动词的语义体只有核心阶段，没有结尾阶段；瞬成类动词只有结尾阶段，没有核心阶段；而渐成类动词（如 run a mile）既有核心阶段，也有结尾阶段。语义体的内在时间结构可如图 5-1 所示。

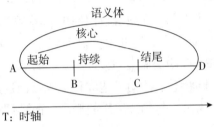

图 5-1　语义体内在时间结构的三个阶段

语义体不只存在于词汇层面，还具有合成性，也存在于小句层面。万德勒讨论的语义体，是以动词分类为出发点的，虽停留于词汇层面，但已隐含了语义体合成观（如 run a mile 不只是动词问题）。这就是说，动词还可以与句中的其他成分一起，在句子层面合成语义体。弗库尔（Verkuyl, 1972）所做的，正是这一研究，他认为语义体合成的最大范围为小句（clause）。我们把这种句子层面合成后得到的语义体特征，称为事态句的"时间语义特征"。

另一种体态称为"语法体"（grammatical aspect）[1]，表明说话者对事态的内在时间结构的不同观察方式（Comrie, 1976: 3）。事态在时间结构上包含起始、持续和结尾三个阶段，说话者在表描述事态时，可能对其中的某一个时间阶段作侧重观察，并用一种语法标记将这种侧重观察

---

[1] 同语义体的术语使用类似，不同学者对这一概念所使用的术语不同，如时态（陈平，1988）、视点体（Smith, 1991/1997: 2），本章依据奥尔森（Olsen, 1997）称为"语法体"。

表达出来，从而形成语法体范畴。比如在"张三吃了三个苹果"一句里，"了"就表达主体视点对"吃苹果"事态的结尾阶段侧重观察，即视点观察到事件达到终结点。侧重观察往往体现为某种语言形式或形态，所以语法体在形态上常常体现为一些语法化标记，如英语中完整体标记"have + V-*en*"，非完整体（进行体）标记"be + V-*ing*"；汉语中的完整体标记"了""过"，非完整体标记"着""在"[1]等。

比较语义体和语法体，可以看出，语义体具有内在性和客观性，而语法体涉及说话者的观察方式，因而具有外在性和主观性；语义体具有语言普遍性，独立于具体语言，而语法体随着语言的不同而体现出语言间的差异性，这从英汉语言体标记的多寡和分类体系上体现出来（详见本章 5.4.2—5.4.3 节的讨论）；语义体没有形态上的标记，而语法体在形态上体现为一些语法化标记。语义体具有内在的时间结构，而语法体则表达主体如何观察这种内在时间结构，基于这一点，奥尔森（Olsen，1997：16）指出，从功能上来说，语法体是对词汇体（语义体）内在时间阶段进行运算的一个"算子"（operator）。

5.2.3 时态及其类型

事态作为整体在时间轴上发生的实际时间叫作事件时间（event time，即 E），事件时间在线性有向时间轴上总是占据一个点或者是一段长度。说话行为实际发生的时间称为说话时间（speech time，即 S），体现为线性有向时间轴上的一个点。当说话人把事态以说话时间（S）来定位其在时轴上的位置时，通常所谓的"时态"[2]范畴就形成了。时态

---

[1] 这里指体标记的"在"，不是介词的"在"。比如（a）"他在工作"和（b）"他在野外工作"两句里，（a）句中的"在"表达工作的状态和阶段，是语法体标记，而（b）句中的"在"表达工作的场所，是介词的"在"。

[2] 时态是表示事件的发生相对于说话时间的前后关系的语法范畴。按照科姆瑞的说法，与情状内部时间相关的是"体"（aspect），与情状外部时间相关的是"时态"。原文如下：Aspect is not concerned with relating the time of the situation to any other time-point, but rather with the internal temporal constituency of the one situation; one could sate the difference as one between situation-internal (aspect) and situation-external (tense). (Comrie, 1976: 5)

表达事态在线性时间轴上相对于说话时间点（S）的位置，是"时间位置的语法化"（Comrie，1985：9）。事件时间（E）相对于说话时间（S）具有三种位置关系：（1）事件时间先于说话时间：E<S；（2）事件时间同时于说话时间：E/S；（3）事件时间后于说话时间：S<E。这三种位置关系就形成了传统语法学上所讨论的三种时态：过去时（E<S）、现在时（E/S）和将来时（S<E）。

在时态表征上，说话者所关心的，只是事态作为一个整体（事件的发生）相对于说话时间点的位置关系。这表明时态并不涉及事态内在时间结构特征，或者说事态与说话时间之间仅存在一种外在的位置相对关系。

事态与语义体之间又是何种关系呢？从定义特征上看，事态是包含一个动词的小句的意义，而语义体则是包含一个动词的小句所具有的内在时间结构特征。用语义特征来表达二者的共通点和差异就是：

事　态：[±动态，±持续，±完整]
语义体：[±持续，±完整]

可见，除了[±动态]特征外，事态（E）与语义体一样，是个包含三个时间阶段的结构体，其实就是语义体的内在时间结构：起始、持续和结尾三个阶段。语义体和事态有着共同的时间语义特征，甚至可以说，语义体是事态的次级范畴。语义体是对所有动词类别（包括状态、活动、渐成、瞬成）内在时间特征的反映，即[±持续]和[±完整]。另外，事态的构成要素仅与语义体相关，而与语法体无关，语法体的介入并不能改变事态的内在时间特征（完整性特征），而是使事态带上说话者的视角。当我们说主体对事态内部进行观察时，往往是指事态的内在时间特征，而事态的内在时间特征等同于语义体的内在时间特征。这就是为什么学界经常使用事态或事件（E或e）来讨论语义体的原因（Bach，1986；Verkuyl，1972；Mourelatos，1978）。正是由于语义体与事态有着内在时间特征上的等同关系，事态与语法体的关系也就清晰了。

5.2.4 时体语法范畴的形成机制

时态是事态时间（E）与说话时间（S）位置关系的语法化；而语法体则属于事态内在时间结构（E）与说话者视点（V）所在的参照时间（R）的关系。

上文已经论及，事态是在说话时刻之前已经发生、在说话时刻发生或存在，或是在说话时刻之后才会发生，这些位置关系的语法化形成了语言的三种基本时态语法范畴：过去时（E<S）、现在时（E/S）和将来时（S<E）。

事态内在时间结构（E）与说话者视点（V）所在的参照时间（R）的关系并不是一种线性的时间位置关系，而体现为主体如何在参照时间点上对事态内在时间结构进行观察，从而展现事态是刚刚开始、正在进行或持续，还是已经结束。因此，事态时间（E）与参照时间（R）之间是内在相交（internal intersection，Olsen，1997）关系。若 E 与 R 相交于事态时间结构的核心阶段，则句子呈现为非完整体（imperfective）形式；若 E 与 R 相交于事态的结尾阶段，则句子呈现为完整体（perfective）形式。我们用 N（nucleus）代表事态时间的核心阶段，T（terminus）代表结尾阶段，将相交关系表示为 $\frac{E}{R}$ 形式。因此，非完整语法体就可表示为 $\frac{E}{R}$ @N，而完整语法体就可表示为 $\frac{E}{R}$ @T。这两个表达式可以读作"视点（V）在 R 参照时间点上切入 E 的核心或结尾阶段"。

时态和语法体的另一重要区别，在于指示性特征上（deixis）。正是由于时态表达事态和说话时间的线性时间位置关系，时态具有时间指示功能，凭借特定的时间指示成分（时态标记），听话者很容易将事件置于正确的时间点上；而语法体不具有指示性特征，即体标记成分并不标示事态所处在的线性时间位置，受话者无法通过体标记来判断事态的具体发生时间，但可判断事态相对于参照时间点（即 R，或另一事件）处于何种进展阶段。

5.3　时体在汉英语言里的争论

英语有时态,这一点毋庸置疑,学者们只是对英语是否存在"将来时"存有争议。20 世纪之前的传统英语语法,如斯威特(Sweet,1891：97)认为,英语有三种时态,即过去时、现在时和将来时。而现代英语语法(如 Quirk, 1972；Biber et al., 1999)则认为,英语只有过去与非过去的对立,将来时间的表达并非依靠语法手段,而是依靠一些结构形式(如助动词结构、be going to + V、be about to + V 等)来完成的;而一些学者如科姆瑞(Comrie, 1985)、达尔(Dahl, 1985)则认为,英语中的将来时明显区别于情态结构,因而传统语法的观点即英语有将来时态是正确的。相关争议还将继续存在。

英语中是否存在体范畴,学者们的意见并不一致,关于英语体的讨论已进行了很长时间,成果也已相当丰富,如科姆瑞(Comrie, 1985)、达尔(Dahl, 1985)、史密斯(Smith, 1991/1997)、奥尔森(Olsen, 1997)等。但也有一些学者质疑体范畴与英语研究的相关性,如詹德福尔特(Zandvoort, 1962。转引自 Battistella, 1996)就曾指出,"把体的范畴从斯拉夫语引入到日耳曼语,从日耳曼语再引入到现代英语语法中,误导之精巧,让人震惊"(Battistella, 1996：46)。如果说英语有体范畴,进一步观察会发现,英语中哪些成分是体范畴,哪些又不是,学界各执己见。

科姆瑞(Comrie, 1985)、达尔(Dahl, 1985)、史密斯(Smith, 1991/1997)等持相似观点,即英语中有完整体和非完整体,完整体以动词的一般形式(即零形式)为标记,非完整体就是传统的进行结构,至于英语中很是惹眼的完成结构,他们基本将其视为异类,既非时态,也不是体,或者说既是时态又是体。这种观点在解决英语的过去一般形式时行之有效,但一旦大而化之,问题随之而来——动词的现在一般形式和表达将来的结构形式,它们是不是完整体?科姆瑞(Comrie, 1985)、史密斯(Smith, 1991/1997)对此避而不论。

而有些学者如夸克(Quirk, 1972)、奥尔森(Olsen, 1997)、拜博

第 5 章　类型学视野与汉英时体范畴

（Biber et al.，1999）等，把英语中的进行结构视为非完整体，完成结构则看作完整体。但这一路径的问题在于动词的过去一般式与现在完成结构（have + V-*en*）之间的完整性区分问题，如"He went"和"He has gone"是否都表达完成了的动作？因此，各派争论的焦点就体现在完成结构上。

英语中体的概念源于斯拉夫语和日耳曼语，汉语中体的概念则是从英语舶来的。自高名凯（1948/1986）提出汉语不存在时态而有"态"（即本书所论的"体"）以来，汉语有关时和体问题的争论日趋激烈和深入。不同的是，英语中的时体争论是在既定分类的基础上进行的，而汉语中的争论还在分类的层次上进行，即汉语中到底有没有时态？时态与体的关系如何？概括起来，主要有以下三种观点。

第一种是无时有体观。认为汉语没有时态的语法范畴，时间概念通过词汇手段来表达。持此种观点的学者以"了"可以用在表示"过去""现在""将来"的时间概念中作为强有力的证据。国外学者以科姆瑞（Comrie，1976）、史密斯（Smith，1991/1997）为代表，国内以高名凯（1948）、王力（1944）、石毓智（1992）、龚千炎（1995）、戴耀晶（1997）为代表。戴耀晶（1997：31）认为，汉语的实际现象中存在不支持"了""着"表示时意义的情况。其一，"了""着"在复合事件句中的时间指示意义是不自足的；其二，"了""着"可以分别与过去、现在、将来时间词语相容，而不像印欧语表示时范畴的形式那样要随时间词语发生相应的变化。

第二种是有体也有时观。认为时态和体分别有不同的标记成分，词汇手段以广义的形态格式固定下来，可以作为语法范畴进行研究。吕叔湘（1947/1956）、宋玉柱（1981）认为汉语有表达时态的标记。李临定（1990）则进一步认为，汉语有自己的时范畴，是通过不同的分析形式和动词的零形式来表现的。

第三种是混合观。认为体助词同时是时态标记。雅洪托夫（1957）认为，汉语动词的"时"是一种"混合的体-时"范畴。其实，早在1924年，黎锦熙就把"了""着""过"看作助动词，并根据句中时间副词的表"时"特点将其分为过去时、现在时和将来时；而纯助词（语气词)"了"等,则有助表"体"的作用。其他持此观点的学者包括张济卿(1996,1998ab)、陈立民(2002)、左思民(1998、1999)等。

5.4 汉英语言时体类型学差异

尚新(2004,2007,2014a)运用"突显说"(theory of prominence),以类型学的视角来审视汉英语言的时态和体态的问题,论证了英语是时态突显的语言,而汉语是体突显的语言。上述系列研究成果依据时体标记的语法化程度、强制性、系统性以及使用的遍布性四项标准,论证了汉语中不存在系统的时态语法范畴。本节主要基于上述文献作"形而上"的拓展分析。

5.4.1 类型学中的突显说

时体研究领域里的"突显说"是语言类型学的一部分。语言类型学与语言普遍性研究是语言研究的两种不同路径。在类型学研究中,世界语言在不同对立特征的基础上形成不同的类型(type),语言学家们寻求对这些对立特征进行解释。比如,世界语言被区分为孤立语、黏着语、综合语、多式综合语等。再如,以词序为基础,世界语言可分成 SOV、SVO 和 VSO 三种类型。这些均属于语言类型学研究性质。语言类型学要处理的问题是:各语言的句子结构都有哪些不同的策略?为什么不采取恒定如一的策略?对这些如何进行解释?普遍语法解释力的局限性正是语言类型学的发展缘起和基础。比如格标记与语义关系之间的关联是否存在于所有语言?巴特(Bhat,1999)认为,在有些语言中,这些抽象关系的使用,只能使语言描写变得不必要的复杂,而其解释力却被削弱。

在时态、体态和情态的研究方面,既可以从普遍性的角度来研究(如 Comrie,1976;Smith,1991/1997),也可以从类型差别的角度来研究(如 Bhat,1999)。语言在传达和使用这些动词性范畴过程中,体现出丰富

第 5 章　类型学视野与汉英时体范畴

的变异性。普遍性取向会设法找出这些变化出现的共同因素和趋势。比如达尔（Dahl，1985）试图证明世界语言对体范畴的选择是在一个类似布尔代数[1]（Boolean algebra）的有限集合中进行的；Smith（1991/1997）则在普遍语法的原则与参数的基础上，探讨具体语言在体范畴方面的不同体现。拜比尔等（Bybee et al.，1994）则从语法化的角度来探讨时态、体态、情态演化的普遍趋势和规律，但巴特（Bhat，1999）的语言调查否定了她们的时态、体态、情态演化顺序结论[2]。在时体研究上，一些最有争议的难题，如完成、将来、习惯等概念，在普遍性理论中都无法得到完满的解决。在巴特看来，其原因就在于忽视了不同语言对时态、体态、情态范畴的不同选择性。因此，他提出了有关时态、体态、情态的突显说。

世界上的每种语言通常侧重于时态、体态、情态中的某个范畴，得到突显者就成为基本范畴，相应地，与基本范畴相关的一些概念差别就呈现得相当精细。同时，语言会使用一些边缘系统（如助词系统）或其他的间接手段来体现另外两个"落选"范畴。某个范畴得到突显，意味着另外两个范畴的概念可依赖突显范畴得到表达。比如，某种语言选择体态范畴进行突显［如梵语（Sanskrit）和汉语］时，体态范畴就会在语法化、强制性、系统性、遍布性特征上远远超过时态和情态范畴，同时具备隐含时态和情态概念的功能。这种对动词性范畴作选择性突显的特性，构成了语言分类的基础。

---

[1] 布尔代数是英国数学家乔治·布尔（George Boole，1815—1864）在其杰作《思维规律》（An Investigation of the Laws of Thought）一书中提出的逻辑运算的数学模型，在代数学、逻辑运算、集合论、拓扑空间理论、测度论、概率论、泛函分析等领域均有广泛运用，特别是近几十年来，布尔代数在自动化技术、电子计算机的逻辑设计等工程设计领域具有重要的应用。由于其在符号逻辑运算中的特殊贡献，很多计算机语言中将逻辑运算称为布尔运算，将其结果称为布尔值。

[2] 拜比尔等（Bybee et al.，1994：91）认为，过去时（past tense）可以看作完整体的更加语法化的形式，而现在时（present tense）可看作具体化的非完整体（specialized imperfective）。而巴特（Bhat，1999）认为，突显体范畴的语言从早期的完成结构发展出完整体形式，突显时态的语言直接从完成和进行结构分别发展出过去和现在时形式。巴特所调查的达罗毗荼语系（Dravidian）诸语言证实了这个结论。对于情态突显的语言，总的趋势是发展出将来与非将来的区分，这一趋势来自早期的现实与非现实的情态区分。（Bhat，1999：181—182）

巴特（Bhat，1999）把语法化（grammaticalization）、强制性（obligatoriness）、系统性（systematicity）、遍布性（pervasiveness）的程度作为判断时态、体态、情态在某一语言中是否突显的标准（以下合称为 GOSP）。这些标准是相互关联的，如某一语言中的时态的语法化程度最高，那么时态也肯定是系统性、强制性、遍布性最强的，成为突显范畴。在此基础上，巴特考察了印度诸语言，结果显示，突显范畴不但影响了动词的结构，也影响了语法的其他领域，比如名物化、格标记、形容词和副词系统等，甚至影响了说话者的世界观。巴特运用这一理论成功地分析并解答了语言学家们长久以来争议的"完成""将来""习惯"等结构的问题。巴特还指出，类型学上的区分带有理想化因素，自然语言并不是齐整地形成这三种突显类型的某一种，而是带有层级性，形成连续统。

语言可以对时态、体态、情态中的某一范畴进行选择性突显，其内在动因在于三个动词性范畴之间的密切相关性。如时态和体态都表达时间概念。在既有时态又有体态的语言中，时态表达事件时间在时间线性轴上相对于说话时间的位置（先于、同于、后于说话时间 ST）。体态表达对情状的内在时间构成进行观察的不同方式（Comrie，1976：3）（比如，事件是开始的还是进行的、结束的还是经历的）。二者的相关性还表现在，完整体倾向于表达过去的事件，非完整体倾向于表达现在或将来的事件；同理，过去时态可以表达完整的体义，非过去时态可以表达非完整的体义。时态和情态也存在类似的相互关联。下文运用时体类型突显说及 GOSP 标准，考察英语和汉语两种语言各属于哪种动词范畴突显的语言。

5.4.2 英语突显时范畴

巴特在把印度诸语和英语进行比较时，认为英语突显时态。要证明英语是时态突显的语言，可分两个步骤：（1）考察 GOSP 标准在英语时态上的表现；（2）验证英语的体范畴不符合 GOSP 标准。

第 5 章　类型学视野与汉英时体范畴

一个语法单位的语法化最高程度就是屈折化。从内容词到屈折词尾之间并不是截然二分的，是个梯度连续统。比如动词、名词比介词更具有实词性，功能词类比实词类更具语法性，屈折词尾比派生词缀更具语法性，派生词缀比迂回形式（如英语中的 will + V，be + V-ing）更具语法性（Bhat，1999：95）。从结构来看，英语动词仅在两种时态上面发生屈折变化，即现在时和过去时（Biber et al.，1999：453）。因此，现代英语语法（如 Quirk，1972；Biber et al.，1999）仅承认英语中存在两种时态，即过去与非过去，并形成缺省对立模式[1]，即过去时有标记，而非过去时无标记。英语中的现在时能够表达现在、过去、将来的时间概念正说明了这一点。

英语中的时态是一种屈折形态手段（将来时态仍是争议中的问题，暂且不论），如添加 "-ed" 是其过去式屈折手段的一种，即规则动词通常在其词尾添加 "-ed"，不规则动词除外。第三人称单数形式谓语动词应为添加 "s" 或 "-es"。因此，比起情态和体态范畴，英语的时态语法化程度最高。同时，英语中的时态形态手段具有强制性，一旦句子决定使用过去时态，过去时的形态标记就强制性地成为句子的标志。例如：

（1）a. When cars need to be picked up, the facility rotates steadily, placing the car on the ground.
需要取车时，机器会稳定旋转，将车辆放置在地面上。
b. When Luo Tianyi held a concert in Shanghai in 2018, more than 10,000 fans waved glow sticks and cheered for her.
2018 年，洛天依在上海举办了一场音乐会，上万名粉丝挥舞着荧光棒为她加油。

---

[1] 奥尔森（Olsen，1997）运用缺省对立模式分析语言体义的单一合成过程。缺省对立模式是相对于均等对立模式而言的。均等对立模式是指在进行形态或语义分析时，对立的双方体现出非 A 即 B 的特点，用符号表示就是 [+feature] vs. [−feature]。而缺省对立模式是指对立的双方中一方为有标记（A），另一方为无标记（非 A）。有标记的一方对语义的阐释起到恒常作用，不易发生变化，而无标记的一方对是否存在 A 这一特征不作说明，用符号表示就是 [+feature] vs. [Φfeature]。（Battistella，1996：19–20；Olsen，1997：20）

英语时态的系统性也表现得相当突出，体现在建立于严格的过去与非过去二分基础上。遍布性与强制性紧密相连，但也各不相同。英语中存在一个时和体的中间区域，就是无定动词形式，包括动词不定式"to V"，现在分词"V-ing"，过去分词"V-en"。时态无法遍布这些形式，说明英语虽是时态突显的语言，但其突显性还达不到理想化（绝对的）程度。

英语的体态范畴是否突显呢？从语法化的程度看，进行体（be + V-ing）和完整体（have + V-en）都是迂回形式，其语法化程度比屈折形式要低。英语中体的强制性也不如时态。例如：

（2）a. He is flying. 他在飞。
　　　b. He is in flight. 他在飞。
（3）a. He has come here. 他已经来到。
　　　b. He came here, and is still here. 他来了，现在还在这里。

安德森（Anderson, 1973, 参见 Comrie, 1976: 130）认为，类似例（2a）中进行体所表达的意义可以用方位结构即例（2b）作语义上的等值替换。而例（3a–3b）所体现的替换也常可见到。另一个证据存在于复杂句中，特别是由 before 或 after 引导的句法环境中。例如：

（4）a. Yeesha said she had studied art history for several years but still didn't quite understand it.
　　　b. Yeesha said she studied art history for several years but still didn't quite understand it.
　　　伊莎说她学习过好几年艺术史，却仍然似懂非懂。
（5）a. After I had moved to Beijing, I lived with locals.
　　　b. After I moved to Beijing, I lived with locals.
　　　搬到北京后，我和当地人住在一起。

例（4）和例（5）之间的可替代性说明，英语体态的强制性弱于时态，其遍布性也不如时态，即并非每个句子必备。

体态的系统性首先体现为体态在某一语言中是否具备独立性，其次表现为体态对情状内在时间结构的观察是否具备有序的阶段性，而且这些有序的阶段以对立的方式并存。从英语进行体"be + V-*ing*"和完整体"have + V-*en*"来看,英语的体态不像时态那样可以独立于其他语法形态,单独参与句子的表达。be 和 have 的强制性变化,表明体态必须配合时态共现,而不是相反。英语的体态也不像汉语中的体态范畴(见第 5.4.3 节图 5–3)那样,可有序地表达所观察到的情状时间结构如起始阶段、进行阶段和结束阶段。英语的体态系统如图 5–2 所示:

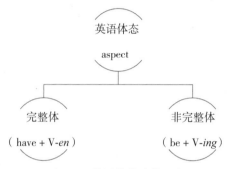

图 5–2　英语体范畴的分类

以上从范畴的语法化程度、系统性、强制性和遍布性方面,论证了英语是时态突显语言。接下来证明汉语在时体范畴的类型学上与英语明显不同。

5.4.3　汉语突显体范畴

汉语是体态突显的语言,意味着类如英语里需要时态表达的时间概念,在汉语里可在体态范畴内加以解决。在论证汉语的时体问题时,考察的"准入"条件不同于英语。英语时态与体的分界基本上是分明的[1]。而在汉语中,学界对相同的标记(如一般所谓的"了$_1$""过")[2]的身份所作的时、体论断并不相同。因此,探讨汉语的时和体问题,显然不能像探讨英语那样拿现成的时体划分来看哪一个更突显,而是要首先解决时和体的存在性

---

[1] 虽然完成体问题还有许多争议,但目前学界已经不把它当作时态范畴(Jespersen, 1931:47)。

[2] 本书中不作特别说明的情况下,以"了"统指"了$_1$"。

和范畴分界问题，然后再看哪一方突显。可以采取三种不同的路径：一是直接把争议的焦点表现形式"了""着""过"等假设为体标记，然后看"了"等作为体标记是否满足 GOSP 标准；二是路径是排除法，即排除汉语是时态（情态问题由于不是争论的焦点，此处忽略）突显的语言，先假设"了"等是时态标记，再考察"了"作为时态标记是否满足 GOSP 标准；三是把以上二者结合起来。本书采取第三种路径。

首先假设"了"等是时态的标记。根据时态的定义，时态表达事件发生时间与说话时刻的关系（先于、同时、后于说话时刻）（Dahl，1985；Bhat，1999）。根据奥尔森（Olsen, 1997）、巴特（Bhat, 1999）的观点，科姆瑞（Comrie, 1985）所谓的"相对时态"是建立在绝对时态基础之上的。这一点非常重要，后文将论述汉语中并不存在这种特性。

主张汉语有时态的学者把"了"当作过去时的标记，由于"了"是争论的焦点，为讨论问题的方便，本章仅考察"了"。运用 GOSP 标准发现，一方面，过去时间概念的表达并不一定需要用"了"。例如：

（6）a. 我五岁开始学习中文，现在说得还不够流利。
　　　b. 那个时候，每天凌晨，铃声都会六点半猛地响起。

另一方面，"了"并不一定表达过去时间。例如：

（7）a. 影片主要讲述了人工智能技术对人类生活造成的冲击。
　　　b. 为什么站在那里不动？怕我吃了你不成？

也就是说，"了"不能满足作为时态标记的强制性条件，即"了"不是时态标记。而作为体态表记的"了"在其原型用法，即表达有界事件（"V+了+数量+宾语"）时的确是强制性的。例如：

（8）a. 他们画了一只张开翅膀的鸟，其灵感来自于精卫填海的神话。
　　　b. 科学家们发现了一个有着 6 600 万年历史的恐龙胚胎[1]。

---

[1] 赵元任（1968/2001）指出，在动词表示过去的动作而宾语有数量修饰的时候，这个完成态的后缀"了"是必不可少的，并举例如下："我昨儿碰见了一个老朋友，他请我吃了一顿饭。"

第 5 章　类型学视野与汉英时体范畴

实际上，例（8）中"了"的使用是由"了"的完整意义即体意义与有界（完整）情状的互动关系决定的，而有界情状的最高程度是宾语得到严格限制，即有定性，如例（8a）中"一只"严格限定了宾语"鸟"，构成"了"的原型使用环境，"了"必不可省。

体标记的强制性使用是一个方面，而其禁用也从另一个方面说明体标记的强制性问题。如李铁根（1999：50-51）在探讨"述补短语"时说："述补短语在谓语位置就很少有带'着'的情况，在定语位置上自然更难见到。"问题在于为什么述补短语在谓语位置就很少带"着"？"着"作为时态标记的观点根本无法解决这样的问题，因为这是体态的问题，是述补短语的完整意义与"着"表非完整的语法体意义不兼容造成的。

（9）a. 任何错误都可能导致妆品复原失败。
　　　b.*任何错误都可能导致着妆品复原失败。
（10）a. 所有这些手段帮助人类更有效地度过严寒。
　　　b.*所有这些手段帮助着人类更有效地度过严寒。

例（9b）和例（10b）不成立，关键在于谓语动词与其后的补语建构一个具有完整性的时间结构，对例（9b）来说是造成一种结果，对例（10b）来说是达到一种目标。这一完整性的时间建构与"着"的非完整性功能构成了冲突。

如果汉语中存在时态，那么它是否具有系统性？时态论者如张济卿（1996，1998a，1998b）为汉语构拟了 15 种时态[1]。这 15 种时态的系统性非常可疑。拜博（Biber et al., 1999：453-457）认为，英语中仅

---

[1] 这 15 种时态包括：一般现在时、一般过去时、一般将来时、过去完成时、过去经历时、现在完成时、将来展望时、过去起始时、现在起始时、过去进行时、现在进行时、将来进行时、过去持续时、现在持续时、将来持续时。实际上，按照张氏的思路，至少还应增加三个"时"，即过去继续时、现在继续时、将来继续时。英语的传统语法中，斯威特（Sweet，1891/1955：105）区分 14 种时态，分别是：现在一般时、现在进行时、过去一般时、过去进行时、现在完成时、现在完成进行时、过去完成时、过去完成进行时、将来一般时、将来进行时、将来完成时、将来完成进行时、过去将来时、过去将来进行时。国内出版的英语语法著作大都划为 16 种，即再加上过去将来完成时、过去将来完成进行时。

存在两种形式上的时态，即过去时与非过去时的对立，将来时间是由情态动词或半情态动词加上动词无定式表达的[1]。这两种时态和完成体、进行体进行不同的组合搭配，形成一种对称性体系，体现出严格的形式配合、变化特征。而这些形式配合与变化特征在张济卿（1996，1998a，1998b）的构拟中并未见到，其构拟的可操作性也颇为可疑，他认为汉语时态建立在"将来与非将来"对立的基础上，主张用"排除法"来确定汉语句子的时态。比如张氏在探讨所谓"现在时句子"时说：

> 这类句子（按：指我有一辆自行车／那孩子很聪明／他常来我家，等）中的谓词或是表示状态的动词或形容词，或是表示反复经常性动作的动词。状态或反复经常性动作跟一次性动作不同，过去、现在、将来三时都可以有。这类句子的时态解析步骤是先肯定它们都不是将来时，因为是将来时的话，会说成："我将要有一辆自行车／那孩子将会很聪明／他将常来我家"之类；其次也可肯定它们不是过去时，因为这类句子的过去时也需要时间标记：或是用"曾（经）+ V"的形式，如："我曾经有一辆自行车／那孩子曾经很聪明／他曾常来我家"，或是在句中加时间词，如"我以前有一辆自行车／那孩子过去很聪明／他去年常来我家"。既然不是将来时和过去时，那当然是现在时了。

张济卿把"将/将要"看作将来时的主要标记和判断标准。实际上，"将来与非将来"的对立二分是建立在某语言是情态范畴突显的基础之上的，侧重表达现实与非现实的关系（Comrie，1985：49；Bhat，1999：65）。而且，根据拜比尔等（Bybee et al.，1994：280）的观点，"将来"概念本身属于时间范畴的成分很少，更多地属于表达行为者意向的情态，如汉语中"要""会""能"等词汇条目，可在句中单独出现，表示欲望、服从、企图或者能力等。再者，"将要"等的使用不能满足遍布性标准。另外，张济卿构拟的15种汉语时态并非建立在将来、现在、过去的不同形态之上，而是建立在不同的动词类型以及体的次范畴之上。依照张济卿的观点，句子是现在时态还是过去时态，要看动词的类

---

[1] 有些学者，如达尔（Dahl，1985）认为英语中区分三种时态，即过去、现在和将来。

第5章　类型学视野与汉英时体范畴

型，这完全超越了时态的范围（Binnick，1991：210-213）。可见，汉语中存在时态的观点难以成立。

相反，汉语中存在丰富而又系统的体范畴。"体"作为一个语法范畴，表达说话者对情状的内在时间构成进行观察的不同方式（Comrie，1976：3）。根据科姆瑞（Comrie，1976）、史密斯（Smith，1991/1997）等，视点对情状进行观察分为两种方式，即完整观察和非完整观察。汉语中的"了""过"体现说话者对事态的完整观察；"起来""下去""在""着"体现说话者对事态的非完整观察，并在完整体和非完整体内部分别形成对立关系（尚新，2011b），如图5-3所示。

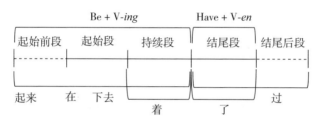

图5-3　汉语体范畴内部的对立及其与英语比较

图5-3显示，在非完整体的内部，在视点特征上，"起来"和"下去"是起始前与起始的对立，"在"与"着"是持续前与持续的对立；在完整体内部，"了"与"过"是结尾与结尾后的对立。从时间语义特征上，"起来"和"下去"是[+起始]和[+接续]的对立，"在"与"着"是[+进行]与[+持续]的对立，"了"与"过"是[+终结]与[+经历]的对立。从语法体标记称谓来讲，"起来"为起始体，"下去"为接续体，"在"为进行体，"着"为持续体，"了"为终结体，"过"为经历体，具体见表5-2。

表5-2　汉语体标记分类

体标记分类	起来	下去	在	着	了	过
描述事态阶段	起始前	起始	持续前	持续	结尾	结尾后
时间语义特征	起始	接续	进行	持续	终结	经历
体标记称谓	起始体	接续体	进行体	持续体	终结体	经历体

体在表达对情状的内在时间构成的观察上,有着齐整的阶段性和连续性,即起始、进行、持续、继续、完整。而且,这些次范畴的用法具有规律性的互补和重合特征。总的说来,汉语体范畴的系统性可如图5-4所示:

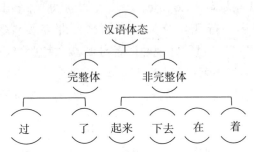

图 5-4　汉语体范畴的分类及系统性

汉语中体标记的使用是否符合遍布性呢？情况确实如此,"了$_1$""着""过"等不仅可以用在句子中,也可以出现在短语结构中,如"VP了的NP"结构、"V着V"结构、"V着A"结构、"X着V"结构(刘一之,2001)、"V过N的(N)"结构等。当"了""着""过"等出现在这些结构中时,与时态不发生任何关联。

运用GOSP标准考察汉英语的时体范畴发现：英语属于时态突显的语言,而汉语是体突显的语言。当然,当把汉语和其他体突显语言进行比较时,可能会发现汉语的体的突显程度或高于某些语言,或低于某些语言,但这并不影响我们把汉语当作体突显的语言进行研究。假如暂不考虑情态范畴的突显问题,把世界语言体突显和时态突显作线性级度排列,终极的两端分别是体最强突显语言(如梵语。Bhat, 1999)和时态最强突显的语言。那么,汉语和英语的位置大致可如图5-5所示:

图 5-5　汉英语言时体突显程度演示

5.5 时体类型突显与语言世界观

英汉语言在时体范畴上表现出类型学差异。这一差异反映在民族心理上,就是对客观世界认知和识解上的差异,也就是语言世界观的不同。

5.5.1 "三个世界"说与语言世界观

沈家煊(2008)在讨论物理世界、心理世界和语言世界三者之间的关系时认为,语言世界不是直接对应于物理世界,而是有一个心理世界作为中介。沈氏把物理世界的存在作为先决条件,在人类出现之后便有了心理世界,又在人类创造语言之后形成了语言世界。在这个意义上,沈氏把心理世界视为物理世界与语言世界的中介。

其实,沈氏"三个世界"的灵感,可能源于1923年奥格登(Charles Kay Ogden)和艾·阿·瑞恰慈(Ivor Armstrong Richards)出版的语义学重要著作《意义的意义》(*The Meaning of Meaning*)中提出的"语义三角"说,如图5-6所示:

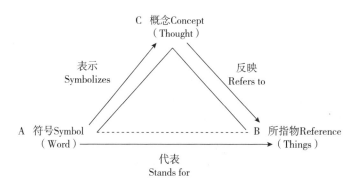

图 5-6 奥格登和瑞恰慈的"语义三角"

在图5-6中,右下角B的"所指物"代表客观世界(物理世界)中的客体,左下角A的"符号"代表语言世界中的词,A和B之间没有直接的联系,因而用虚线标示出来。上角C代表心理世界或思维世界,是语言世界和物理世界的中介，即物理世界通过人类的认知识解于心理世界，再通过语言世界表征出来。沈氏研究的特点在于在语言世界中区分出"行域""知域"和"言域"，分别反映语言表征对物理世界的陈述，反映心理世界作出的判断，表达语言世界发生的言语行为。

无论是"语义三角"说，还是"三个世界"说，在本质上都表明，语言世界直接与心理世界关联，而不直接与客观世界关联。这也就意味着，有什么样的心理世界，必然通过语言世界反映出来；反之，有什么样的语言世界，必然反映着心理世界的状态。这一问题反映在语言的时体范畴上，就是不同时体范畴的突显，反映着语言民族不同的心理状态、不同的语言世界观。

5.5.2 "物""事"的合一观与分立观

时体范畴作为语法标记类别，反映的是说话者对事态采取的不同观察方式。其中，时态反映的是说话者对事态发生相对于说话时间的先后关系，本质上是时间序列关系；而体态反映的是说话者把视角置入事态内部的切入方式，本质上是空间位置关系。

英语突显时态，表明英语民族在事态认知和识解上较少关注事态的空间特征，更多关注事态的时间特征。汉语突显体态，表明汉语民族在事态认知和识解上较少关注事态的时间特征，更多关注事态的空间特征。而汉语民族对事态的这一认知和识解特点，与汉语里量词所反映出的汉语民族对"物"的空间特征的认知和识解具有一致性。汉语里的量词具有"仿形取类"特征，汉语里的体标记其实也具有相同的特征，即依据说话者对事态内部观察空间位置上的差异，体现出汉语语言里体标记的系统性对立特征。为了说明汉语里"量词"与"体标记"在"仿形取类"上的同质性，需要先交代量词标记的名词与体标记所标记的动词的相类性。

名词指称域与动词指称域具有对应性特征。不少学者（如Bach，1986；Vikner，1994）指出，名词性指称域（domain of nominal reference）

第5章 类型学视野与汉英时体范畴

与动词性指称域在个体性和延续性特征上具有可类比关系。名词性指称域通过名词语义特征体现出数量上的延续性或离散性特征；而动词性指称域通过动词语义特征体现出时量上的延续性或离散性特征。

在名词语义研究中，一个重要的区分特征便是延续性与个体性的划分（Mourelatos，1978），巴赫（Bach，1986）揭示事件性语义域与名词性语义域具有如下对应关系：

　　名词指称域：things：stuff
　　动词指称域：events：processes

这种对应关系的实质在于：事件（达成类和成就类）因具有完整性特征而呈现出个体性特征，与名词指称域的可数名词的个体性特征相吻合；动词域的过程（状态与活动）因具有非完整性特征而呈现出延续性特征，与名词指称域的不可数的延续性特征相吻合。

量词功能与体标记功能的对应性在于，名词性指称域与动词性指称域的对应关系特征为进一步探讨名词的标记性特征（汉语中的量词与英语中的数标记）、动词的标记性特征（汉语中的体标记和英语中的时体标记）提供了逻辑语义基础。在汉语里，量词是名词类别（个体名词与物质名词）区分的基本依据，名词类别不同，量词的标志则不同。汉语中的一个总原则是，无论是个体名词还是物质名词，其量化的手段都是使用量词，都是因"物"类及其占用空间的方式不同而量词有别，比如量词"条"用来标记那些形状细长的个体名词，像"一条蛇""一条路""一条皮带"等；量词"堆"用来标记占用了一定隆起空间的物质名词，像"一堆土""一堆废铁""一堆雪"等。量词的这一功能可以称为"仿形取类"（profiling classification），即依照"物"的占用空间方式（profiling）对其指称成分（名词）进行分类（classification），在哲学上属于形象思维的范畴。那么，汉语中的体标记是否也同量词一样是形象思维的产物呢？

事态研究的时间语义基础是首先将其分为是否具有完整性，而完整与非完整概念首先是空间概念的隐喻，并与名词指称域的个体与延续形成对应关系。这种空间化配置对立，系统性地存在于汉语完整体和非完整体的内部对立之中。比如，在使用体标记"在"时，主体所关注的事态处于前景地位，进而反映出主体对事态的空间化配置处于"FRONT-BACK 图式"中的 FRONT 位置；在使用体标记"着"时，主体所描述的事态处于背景地位，进而反映出主体对事态的空间化配置处于"FRONT-BACK 图式"中的 BACK 位置，从而形成汉语体系统内的概念空间化配置对立。但同时这种对立属于缺省性对立关系，具有互补性，因而"着"除了典型性地具备背景化功能之外，还可以出现在前景化位置上。"在"与"着"的这种系统性对立，不但反映了汉语说话者在使用这些标志词时对事态进行了不同的空间化配置，而且能够折射出更具普遍意义的语言类型学研究前景，即在不同的语言社团中，人们对相同事件会有不同的感知方式和认知能力，并以各自特有的认知思维方式对所观察到的事态进行空间化配置，这些分类也是"物"的内在空间的隐喻。

汉语中的体标记，包括起始体标记"起来"、进行体标记"在"、持续体标记"着"、终结体标记"了"以及经历体标记"过"，其功能正是在于揭示事件的发生或进展处在的事态内在时间结构中的哪一个阶段，可以阐释为事件的进展所占用事态内在空间的方式，这与量词的功能是衡量名词指称"物"占用自然空间的方式具有可类比性。因而也可以说，体标记在本质上是事态的"量词"，其功能在于对事态进行"仿形取类"。如此一来，名词与量词、动词与体标记之间的对应就形成了如下的系统性：

  名词指称域：物：量词
  动词指称域：事：体标记

正是在此意义上，我们可以说，汉语民族对"物"的感知和认知方式与对"事"的感知和认知方式具有一致性，再次证实了汉语民族的"物""事"合一世界观。

而在以英语为代表的印欧语言里，对"物"的计量手段是单复数标记，而数标记的功能在于"计数观异"。数的本质是关系，可数与不可数是关系，可数的多和少也是关系。"数标记型语言"正是通过计数的手段来观察"物"之间的区别性特征，这与汉语中量词的"仿形取类"具有重要差异。再者，从动词指称域来看，英语是时态突显语言，表明英语侧重时空概念中的时间，而时间不同于空间的本质特征在于其有向性（directivity），即时间概念有着从过去到现在再到未来的单向性（unidirectionality）特征。英语的时态标记，包括过去时标记"-ed"、现在时标记（原形"Ø"及第三人称单数"-es"）以及将来时的迂回标记"will"等形式，其核心功能在于描述事件在单向时间轴线上的点位，而不是像汉语的体标记那样对事件内在空间结构进行仿形取类。

因此，一方面，英语里名词的数标记与动词的时标记是在空间和时间分别进行的，反映了英语民族的空间和时间的分立观念，也就呈现了英语民族对待"物"和"事"的分立观念；另一方面，英语突显时态，侧重动词的时间特性；而汉语突显体态，侧重事态的空间特性，也彰显了英语民族和汉语民族在时空观念上的重要差异。

5.6 本章小结

汉语没有西方语言意义上的时态，但这并不意味着汉语没有时间概念。语言的理解依赖语言形式所能衍生的概念意义，没有某种语法范畴或形式并不意味着语言无法衍生出同样的概念意义。

汉英语言的时体类型学差异，集中体现在汉语是体态突显的语言，而英语是时态突显的语言，由此造成了汉英时体系统上的类型学差异（尚新，2004，2014a，2014b）。汉语是不依赖时态范畴的语言，因此其时体系统主要体现为体态系统（aspectual system），该体态系统内部体现为完整体和非完整体的对立；在完整体内部，体标记"了"与"过"之间体现为接续和非接续的对立；而在非完整体内部，体标记"在"与"着"之间体现为动态和非动态的对立。汉语的这些体标记，其视点特征呈现为有序对立特征，形成对事态内在时间结构的有序运算，因而使汉语体态呈现出较强的系统性。英语的时体系统是由时态和非典型体态建构的，其时态内部体现为过去与非过去之间的缺省对立，而其体态内部体现为完成体和进行体之间的对立（尚新，2014a）。

汉语和英语的时体范畴在类型学上具有重要差异，汉语突显体态，而英语突显时态；汉语在体态范畴上体现出明显的系统性，而英语在时态范畴上体现出明显的系统性。如同标记名词的量词对"物"进行仿形取类，汉语体标记的功能是对事件的进展在事态内在空间结构进行仿形取类，从而体现出汉语民族"物""事"合一的世界观；而英语里的名词指称域数标记与动词指称域的时标记分别属于空间和时间两个不同的领域，体现出英语民族"物""事"分立的二元世界观。

第6章
类型学视野下汉英事态句量化对比

6.1 引言

第5章谈到,在事态的研究领域里,事件的定义占据核心地位。葆勒(Pawley,1987:335–336)把事件定义为"包含一个动词的小句的意义,动作的发生通常置于特定的时间和地点"。事件所涉及的重要元素是:动作、特定的时间、特定的地点。这里的动作和特定的时间分别表明了事件的[+动态]和[+完整]信息特征。而事件句则是具有[+动态,+完整]语义特征的行为句[1];相应地,事态句则是涵盖了具有[±动态]和[±完整]特征的句子,包括状态句、过程句与事件句。

本章集中讨论汉语中一类特殊的事件句,即由"V+T(的)+N"句构建构的句子,分析该句构与典型的动宾结构之间的共性和差异,并与英语的相应句式作比较研究,从事态句量化的角度再次论证汉英民族在"物""事"认知观上的差异。

汉语中的"V+T(的)+N"句构(V表动词,T表时间词或短语,N表名词。下同)是一种较为常见的句法格式。如例(1):

(1)a.我在社会上[做了三十多年的事],这一点人情世故还不

---

[1] 沈家煊(1995)根据句子表达的"有界"和"无界"来区分事件句和非事件句,这一区分标准强调的是事件的边界特征。

懂么?[1](《围城》)

b. 这样怨命，怨父亲，[发了几天呆]，忽然醒悟，壮着胆写信到家里要求解约。(《围城》)

从句法结构看，例（1）属于正常的核心句结构（canonical construction），即 SVO 基本句结构的一类，V 与 N 之间具有动词和宾语的句法地位和关系。从宾语的修饰成分来看，汉语 SVO 结构大抵分为两类，除了上述表示时间的修饰性成分 T [T 表时量（temporality）] 外，还可以是表示数量的修饰性成分 Q [Q 表数量（quantity）]，通常呈现为"V + Q + N"句构。比如例（2）中的动宾结构：

（2）a. 孙太太也想下去问问男人今天 [输了多少钱]。(《围城》)

b. 鲍小姐也没理她，[喝了一杯牛奶]，匆匆起身，说东西还没收拾完。(《围城》)

比较例（1）和例（2），"V + T（的）+ N"句构与"V + Q + N"句构除了在"N"的修饰性成分上有所不同之外，还可看出三点不同：

一是"的"的介入性特征不同。例（1）结构有时会使用后缀结构助词"的"，这一特点屈承熹（2010）也有提到；而例（2）中的宾语修饰成分后倾向于不用结构助词"的"。

二是 T 或 Q 所修饰的句法成分范围不同。例（1）结构中的 T 真正修饰的是"V + N"成分，即 T 成分"实际上修饰整个动宾结构"（赵元任，1968/2001：163–164）；而例（2）结构中的 Q 成分真正修饰的是"N"。

三是从汉英比较视角来看，两类结构的英语译文不同。例（1）结构英译时，多呈现为英语的"V + N + A"结构，其中 A 为时间状语成分。如例（3）：

（3）a. [代了一星期课]，刘东方厌倦起来，想自己好傻，这气力时间费得冤枉，博不到一句好话。(《围城》)

After [taking over the class] for a week he grew tired of it

---

1 在本书研究里，中括号"[ ]"表示事态的建构范围，波浪线"＿"表示量化成分。

thinking how foolish he had been. His time and energy were being wasted and would never earn him a single kind word.

b. 我在社会上[做了三十多年的事]，这一点人情世故还不懂么？（《围城》）

I'[ve dealt in society] for over twenty years. You think I don't know that much about the ways of the world?

而例（2）结构中的 Q 成分在英译中保持不变，与汉语的 Q 成分在句法位置、句法功能上具有一致性。如例（4）：

（4）a. 孙太太也想下去问问男人今天[输了多少钱]。（《围城》）

Mrs. Sun was also thinking of going down to her husband to see [how much money he had lost] that day.

b. 鲍小姐也没理她，[喝了一杯牛奶]，匆匆起身，说东西还没收拾完。（《围城》）

Miss Pay ignored Miss Six and, after [drinking a glass of milk], rose hurriedly, saying she still had not finished packing.

例（4a）中的原文[多少钱]与译文[how much money]、例（4b）中的原文[一杯牛奶]与译文[a glass of milk]之间具有句法结构和功能上的对应性。

比较以上原文和英语译文，可以看到，"V + Q + N"句构与其英语对应表达有着结构同质性[例（4ab）]，而"V + T（的）+ N"句构与其英语对应表达往往有着结构异质性[例（3ab）]，说明汉语的"V + T（的）+ N"句构的确具有句法和语义上的特殊性。赵元任（1968/2001：163–164）曾列举了四个例子（如"骂了几个钟头的人""戒了五年的酒"），认为这是特殊的宾语修饰语。那么问题是：该句构的句法-语义特征到底是怎样的？特殊性体现在哪里？这些特殊性又有何种语言类型学价值？

6.2　有关 T- 型句的前期研究

虽然"V + T（的）+ N"句构（下称"T- 型句构"）的句子比较常见，但由于该句构被裹挟在"V + Q + N"句构（下称"Q- 型句构"）的研究里，学界对该句构所做的专题研究尚不多见。前贤的研究往往把（1）类和（2）类视为同类，如王力（1943/2011：308–309）在论述"词复"时提到：

> "我因喝酒喝了三个钟头，所以来晚了。"（不能说"喝酒三个钟头"。若说"喝了三个钟头的酒"，自然也可以，不过那"三个钟头"都该认为修饰次品，与此不同）

可见，王力先生认为"喝了三个钟头的酒"与"喝了三碗酒"一样，并无不同。如前所述，赵元任先生也只是将之视为特殊的宾语修饰语，但并未阐释这种特殊性体现在哪里。这类观念的存在，实际上将 T- 型句构定格在了"修饰语 + 宾语"的句法地位上。

给予"T（的）+ N"结构[注意不是"V + T（的）+ N"结构]较多关注的是朱德熙（1981/2000：43-52）。他指出，类如"一会儿""半天""两个钟头""两个月""三年"表示的是"时量"，即时间的长短；表示时间的量词之后可以加"的"，如"一年（的）时间""一会儿（的）功夫"。朱先生观察到，时间数量词（"一年""一会儿"等）和时间词（"时间""功夫"等）之间具有可修饰关系。但他仅注意到这里的"N"是个时间词，并未明确该"N"其实也可以是个普通名词，如"二十年的事儿""半天（的）礼""一天的仗"等，因此朱先生就"T（的）+ N"结构的考察是不够全面的。

继朱德熙之后，马庆株（1981，1984）将研究扩展到动词后时量成分的各类现象，探讨了动词的类对其后时量宾语及其所指的影响，包括动作行为的持续时间、动作行为完成后经历的时间，以及动作行为造成的状态持续的时间等，并且对动词（V）后时量成分（T）进行了分类，如确定的时量成分和不确定的时量成分（马庆株，1984）：

第 6 章　类型学视野下汉英事态句量化对比

"确定的时量成分 T_a 既可以表示动作延续的时间（等了三天｜学了三年｜找了一上午），也可以表示动作完成以后经历的时间（掉了三天了｜死了三年了｜出去一上午了）。不确定的时量成分 T_{b1} 和 T_{b2} 只能表示动作延续的时间［看一看｜想一想｜谈了一阵儿（话）｜干了一气儿（活儿）］，不能表示动作完成以后经历的时间；T_{b3} 则既可以表示动作延续的时间（等了一袋烟的工夫），也可以表示动作完成以后经历的时间（吃了一袋烟的工夫，肚子就饿了）。"

马庆株先生在对"V＋T"结构进行时量成分分类的时候，顺带涉及了 T-型句构中"T"的时间语义问题，但也仅限于同指关系类型，如"吃了一袋烟的工夫，肚子就饿了"中，"工夫"既不是动词"吃"的宾语，"一袋烟"和"工夫"之间也非修饰性关系，而是同指关系。因此，在阐述"T"的语义特征时，虽然涉及"T（的）N"，但也是为了说明"V"和"T"，即本质上探讨的还是"V＋T"结构。

如此看来，有关 T-型句构的研究存在两类问题：一是视之同于 Q-型句构，故大而化之，一笔带过（王力，2011；吕叔湘，1947/1956；赵元任，1968/2001）；二是将 T-型句构作分割式研究，要么仅关注"T（的）＋N"部分（朱德熙，1981/2000），要么是仅关注"V＋T"部分（马庆株，1981，1984）。这一梳理充分表明，T-型句构作为一个完整结构，既未得到深入研究，也未得到全面考察，与其他语言（如英语）的比较研究也较鲜见。

在本章的考察里，"V"和"N"在语义上属动作和受事关系，句法上属谓语和宾语关系，"T（的）"和"N"之间具有可量化关系，是时量上的修饰关系，而非同位同指关系，且"N"为非人称代词形式，类如"管我们一辈子""吃了一袋烟的工夫，肚子就饿了"之类的句子，不作考察。

6.3　T-型句构的事件性及其时间句法表征

以下聚焦于 T-型句构整体，考察"V""T""N"三者之间如何相互作用来建构事件,其内在的时间信息结构特征如何。

6.3.1 T-型句构表征事件

语言中的任何动词,要么表达一种状态,要么表达一个过程,要么表达一个事件(Comrie,1976:13)。巴赫(Bach,1986)用事态来统称状态、过程和事件。"事态"被定义为含有一个动词的小句所具有的意义,事态的进展具有空间和时间上的向度,并可用万德勒(Vendler,1957)提出的[±动态]、[±持续]、[±完整]三组语义特征和状态、活动/过程、渐成和瞬成四种动词分类加以描述。以[±完整]特征作为区分标志,上述四种动词分类可归为两种事态类别,如表6-1所示:

表6-1 事态及其分类

事态种类	动词类	语义特征	举例
完整类	渐成类	[+动态,+持续,+完整]	John ate an apple.
	瞬成类	[+动态,-持续,+完整]	John died.
非完整类	过程类	[+动态,+持续,-完整]	John ran.
	状态类	[-动态,+持续,-完整]	John is happy.

其中事态是否完整是事件与非事件的区分点,由[+完整]语义特征构建的行为句就是事件句,表征"动作的发生通常置于特定的时间和地点"(Pawley,1987)。因此,表6-1中具有[+完整]特征的渐成类和瞬成类事态建构的句子为事件句;而具有[-完整]特征的状态类和过程类事态建构的句子为非事件句。如例(5)中"了"字句为事件句:

(5)a. 张三今早[吃了三个苹果]。(渐成类事件句)
　　b. 好好的一个人儿就这么[死了]。(瞬成类事件句)

例(5a)中,[吃了三个苹果]中的"苹果"受到"三个"的具体限定,使"吃三个苹果"成为一个具有[+完整]特征的渐成类事态;例(5b)中,[死了]中"死"是个瞬间动词,形成一个具有[+完整]特征的瞬成类事态。以上二者所建构的句子就是事件句。沈家煊(1995)强调的

第6章　类型学视野下汉英事态句量化对比

是事件的边界特征，根据句子表达的有界和无界来区分事件句和非事件句，这与本研究强调的[±完整]时间语义特征在本质上是一致的。

在事件句的范畴里，除了按照动词类型划分为渐成类和瞬成类事件之外，还可以有两个分类的维度。

一是根据主语位置名词短语（NP_s）与谓语动词（VP）在参与主体的数量上产生的匹配关系（也就是参与同一事件的主体数量情况），形成边量型事件（lateral event），具体分为单边事件（mono-lateral event）、双边事件（bilateral event）和多边事件（multi-lateral event）（尚新，2011a）。例（6）中三句分别阐释了上述三类边量型事件。

（6）a. 张三写了一本书。（单边事件）
　　b. 他们两个见过面。（双边事件）
　　c. 同学们集中到了操场上。（多边事件）

例（6a）表达单边事件，即一方主体参与事件，以"写"字类动词为代表；例（6b）表达双边事件，即由双方主体参与事件，以"见面"类动词为代表；而例（6c）表达多边事件，即多方主体参与事件，以"集中"类动词为代表。

二是依据谓语动词（VP）与宾语位置名词短语（NP_o）在时量上产生的配置关系，形成时量型事件（temporal event）。与边量型事件表示参与事件的主体数量特征不同，时量型事件表征的是事件内在时间结构的完整性特征，根据上文中对事态的分类可知，符合[+完整]特征的仅限于瞬成类事件和渐成类事件，可分别描写如下：

瞬成类事件句：NP_s + VP，其中 VP 为瞬成类动词，如"死、到达"等；
渐成类事件句：NP_s + VP + NP_o，其中 NP_o 须是受限成分，也就是弗库尔（Verkuyl, 1972: 96）所说的"VERB + SPECIFIED QUANTITY OF X"（即"动词 + 特定量的 X"），本书简作"V + *Spec*NP"，如"写一本书""吃一顿饭"等。

至此，事件句的范畴分类可归纳为表 6-2 所示。

表 6-2　事件句的分类维度及子类

事件	事件句类	代表性动词	举例
边量型事件	单边事件	写、吃、跑	张三写书。
	双边事件	见面、相会	张三见李四。
	多边事件	集中、汇合	同学们都集中到了操场上。
时量型事件	渐成事件	跑一公里、打一天仗	张三跑了一公里。 张三打了一天的仗。
	瞬成事件	到达、死	张三死了。

从 T-型句构与表 6-2 中的分类匹配情况来看，本章主要考察的是该结构的时量类型，再从 T 对 N 的修饰关系来看，该结构建构的是渐成类事件，其完整性语义特征（[+完整]）可从该结构能够带上表征完整性的体标记"了""过"来作判断，而表征非完整性的进行体标记"在"和持续体标记"着"不可合法出现在该类结构里。例如：

（7）a.　我在社会上 [做了三十多年的事]。
　　　a'.* 我在社会上 [做着三十多年的事] | *[在做三十多年的事]。
　　　b.　[代了一星期的课]，刘东方厌倦起来。
　　　b'.*[代着一星期的课]，刘东方厌倦起来 | *[在代一星期的课]，刘东方厌倦起来。

因此，T-型句构在句法上符合"V + SpecNP"结构特征，在语义特征上符合 [+完整] 性事件句特征。

6.3.2　T-型句构表征时间句法

T-型句构整体上存在的三种句法结构关系，分别是"V + T""V + N"以及"T（的）+ N"。这三种句法结构关系均与时间概念相关，因此可称为"时间句法"（temporal syntax）。

一是"V + T"结构内部具有动词和时量宾语的句法地位关系特征，如"做了二十年"等。"V"的后面既可以跟完整体标记"了"或者"过"，表达已经发生的事件；也可以不带上述标记，但仅限于复杂句中表达条件的小句里使用。例如：

第 6 章　类型学视野下汉英事态句量化对比

（8）a. 我 [行了半天的礼]。
　　　b. 我 [行半天的礼] 才又出发。
　　　c.* 我行半天的礼。

（9）a. 我们 [打过半天的仗]。
　　　b. 我们 [打半天的仗] 才分出胜负。
　　　c.* 我们 [打半天的仗]。

比较例（8）和例（9），可以发现，T- 型句构要表达独立的事件，必须附加体态标记"了"或者"过"。

二是"V + N"结构内部具有动词和名词宾语的句法地位关系特征，符合弗库尔（Verkuyl, 1972, 1989）所定义的"V + *Spec*NP"的事件结构特征，即建构的是具有 [+ 完整] 特征的渐成类事件句。再者，"N"成分不可以是表时间名词（如"时间""工夫"等），否则将与其前面的"T"产生同指关系，"V"与"N"的动宾句法关系也将不复存在。例如：

（10）a. 他坐在茶馆里 [喝了一天的茶]。
　　　 b. 他坐在茶馆里 [喝了一天的工夫／时间]。

三是"T（的）+ N"表达的是动作行为（V）作用于受事（N）的时间跨度，比如上文中例（8）表征"行礼"的时间跨度，例（10a）则表征"喝茶"被消耗的时间跨度。其中，"T"本身往往由数词和时间词匹配构成（如"一天""二十年""三个月"等），该时间词产生临时量词的功能，一个显著特征是，该结构中的数词不可省略，而 Q- 型句构中的数词"一"往往可以省略。试比较：

（11）a.　 他 [做了一件令人烦心的事]。
　　　 a'. 他 [做了件令人烦心的事儿]。
　　　 b.　 他 [做了一年令人烦心的事]。
　　　 b'.* 他 [做了年令人烦心的事儿]。

在例（11a）中，"件"属于常规量词成分，其前面可以省略"一"，而例（11b）中的"年"只是临时量词，前面的数词"一"省略后句子不成立。另外，关于该结构里"的"字的隐现问题，本研究采纳徐阳春（2003）

117

的"突显原则"说，即"若不需要突显原偏项而修饰关系仍然明显的，'的'一般要隐去，……若需要突显原偏项，则仍要保留原有的'的'"。也即是说，在该结构里"的"的使用具有语用价值，当要强调 T 时，保留"的"，而当要强调 N 时，隐去"的"。而对于 N 前为多项修饰性定语时"的"的隐现规律讨论，可参阅程书秋（2014）的相关讨论。

T-型句构的语义和句法之间的互动是多方面的，比如"V + SpecNP"的结构特征定义了该结构表征事件，反过来，该结构的 [+ 完整] 时间特征也确保了汉语完整体语法标记"了""过"介入的合法性。

6.4　T-型句构中的量化及其与英语比较

T-型句构和 Q-型结构均涉及量化问题。与 Q-型结构相比较，"V + T（的）+ N"结构具有诸多不同的特征，本小节主要讨论"V + T（的）+ N"结构中的量化问题，并与英语相应句子做些比较分析。

6.4.1　量化类型：A-量化与 D-量化

对于 SVO 结构整体而言，宾语位置 NP 受到哪些成分的限定呢？根据上文有关"T"和"Q"的分类，一类是 Q 型数量词限定（如"一只苹果"），一类是 T 型时间词限定（如"二十年的事儿"）。无论是 T-型还是 Q-型，在语言的量化研究中都称为"量化"（quantification）。

量化是自然语言的主要组件之一，也是自然语言的复杂现象之一。当一个名词性成分和一个动词性成分结合，形成一个更高的成分时就会产生量化。其中，动词性成分指示一个谓词（predicate），该谓词应用于由名词性成分提供的论元[1]（Bunt，1985：137）。量化通常可分为两

---

[1] Quantification is a complex phenomenon that occurs whenever a nominal and a verbal constituent combine to form a higher constituent, where the verbal constituent denotes a predicate which is applied to arguments supplied by the nominal constituent (Bunt 1985: 137).

第6章　类型学视野下汉英事态句量化对比

种类型：D- 量化和 A- 量化，具体可用下面（12AD）加以表征[1]（Jaap & Verkuyl，1999）：

(12) A. A man usually loves a woman.
　　　 |M × W ∩ L| > |M × W − L|
　　 D. Most men love a woman.
　　　 |M ∩ LaW| > |M − LaW|

在（12A）里，"usually"对动词"to love"（L）进行运算，同时受名词性成分"man"和"woman"（M × W）的制约；相比之下，（12D）中的限定词"most"是对名词"men"进行运算，量化针对的是该名词的一切所指。（12A）型的量化就称为"A- 量化"，实质上就是由副词性成分限定动词所产生的量化（A 代表 adverbs）；（12D）型的量化称为"D- 量化"，实质上就是由限定词（限定性成分）对论元成分产生的量化（D 代表 determiners）。对于 A- 量化来说，副词（包括副词性时间短语，如英语中的 FOR NP、IN NP、AT NP 等）的介入和使用并不能改变事件的内在时间结构特征，换句话说就是，副词性成分不参与事件内在时间结构的建构。例如：

(13) a. I'[ve dealt] in society for over twenty years. You think I don't know that much about the ways of the world?
　　 b. Miss Pay ignored Miss Six and, after [drinking a glass of milk], rose hurriedly, saying she still had not finished packing.

在英语里，（13a）里的事态 [have dealt] 实际上是个过程类事态，它具有 [− 完整] 的内在时间结构特征，时间性短语"for over twenty years"的介入，并没有改变这一内在时间特征。相反，在（13b）里，事态 [drink a glass of milk] 是个渐成类事态，具有 [+ 完整] 的内在时间结构特征，当我们介入时间词短语时，它将排斥持续性的时间短语（如"for five

---

[1]（12A）中的 × 表示 man (M) 对 woman (M) 构成的所有关系，然后跟 love (L) 取交集，这个交集应该大于其补集；（12D）是 Man (M) 跟谓词 Love a woman (LaW) 取交集，这个交集大于其补集。

minutes"），但可接受非持续性的时间短语（如"within five minutes"，"at six o'clock"等），而其内在时间结构特征不会转化为[– 完整]。这一[+ 完整]性内在时间结构的建构，与 D- 量化成分"a glass of"有着直接的关系，正是它限定了"milk"的量；去掉该量化成分，"milk"就有了未受限定的量，[drink milk]就变成了过程类事态，没有一个内在的终结点。

由于 A- 量化成分不参与事态内在时间结构的建构，其量化的效能仅体现在对事态的过程属性进行描述；而 D- 量化成分参与事态内在时间结构的建构，其量化的效能体现在对事态本身内在时间特征的事件属性进行表征。具体到"V + T（的）+ N"结构来看，其实（13a）是（14a）的英译形式，（13b）是（14b）的英译形式。

(14) a. 我在社会上[做了三十多年的事]，这一点人情世故还不懂么？
b. 鲍小姐也没理她，[喝了一杯牛奶]，匆匆起身，说东西还没拾完。

我们对《围城》的汉英对照本进行全文查证，发现汉语原文"V + T（的）+ N"事件结构共计 16 例，其中 11 例的对应英文结构为"V + N + FOR T"形式，占到近四分之三，其他各句采用的是"T + OF + N"形式（4 例）或其他变通结构形式（1 例）。以下（15abc）中的三个例子分别对应英文结构为"V + N + FOR T"形式、"T + OF + N"形式以及其他变通结构形式：

(15) a. [代了一星期课]，刘东方厌倦起来，想自己好傻，这气力时间费得冤枉，博不到一句好话。
After [taking over the class] for a week he grew tired of it thinking how foolish he had been. His time and energy were being wasted and would never earn him a single kind word. （"V + N + FOR T"形式）
b. 想起未婚妻高中[读了一年书]，便不进学校，在家实习

第 6 章 类型学视野下汉英事态句量化对比

家务，等嫁过来做能干媳妇，不由自主地对她厌恨。
When he thought how his fiancée had quit school after one year of [high school] to learn housekeeping at home in order to become a capable daughter-in-law, he felt an uncontrollable aversion toward her. ("T + OF + N"形式)

c. 柔嘉道："[说了半天废话]，就是这一句话中听。"
"Of [all the drivel you've been spouting]," said Jou-chia, "that's the one thing worth hearing."(其他变通结构)

其实，我们不难发现，类如上述（15b）和（15c）中的英语译文，都可还原成 "V + N + FOR T" 的形式，也就是英语中的 A-量化形式。那么，我们能否以（14a）与（15a）的对应性，来做出（15a）是借 D-量化之形，而行 A-量化之实的判断呢？能否从这个意义上断定 "V + T（的）+ N" 结构表征的是个 "伪事件"（pseudo-event）呢？

回答是否定的。从上文的阐述可知，在语义上，该结构符合渐成类事件建构条件；在语法上，该结构可以介入完整体标记（"了"和"过"），排斥非完整体标记（"在"和"着"）；在时间句法上，该结构符合弗库尔（Verkyul, 1972：96）提出的 "VERB + SPECIFIED QUANTITY OF X"（即 "V + SpecNP"）渐成类事件的结构表达式。此外，我们还可以从汉语内部与该结构对应的动词拷贝结构的完整性特征上寻求佐证。

6.4.2 T-型句构与动词拷贝结构（VOVC）

在 "V + T（的）+ N" 结构里，一方面 "V" 和 "N" 之间具有谓语动词和宾语的句法–语义界面特征，另一方面，"V" 与 "T" 之间具有动作和表动作持续时间长度的时间状语的句法–语义界面特征，形成 "T 成分重位匹配" "双重语义参照" 的语义–句法界面特征。而在汉语里，能将这种界面特征融合到一个句子里的另一种结构，就是动词拷贝结构（verb copying construction）。

弗朗西斯等（Francis et al.，2011）对"动词拷贝结构"的定义是：主要动词的拷贝既出现在直接宾语之前，也出现在其后的句法结构形式。李讷和汤姆森（Li & Thompson，1981：442）的定义是"当有某些状语元素出现时，动词在其直接宾语后得到拷贝的语法过程"。在汉语里，动词拷贝结构体现为"VOVC"形式，由于"C"涉及的句法成分类型比较复杂（Li & Thompson，1981：442-447），对本书的研究来说，动词拷贝结构体现为"$V_i + N + V_i + T$"的结构形式（i表示"拷贝"），如"他看（V_i）电视（N）看（V_i）了三个小时（T）"。

关于动词拷贝结构，学界已有较为丰硕的研究成果[1]。但在句法、语义、功能等各个方面仍有不少悬而未决的问题，此且不论。涉及本书研究关注点的相关重要成果，包括李讷和石毓智（1997）和施春宏（2010，2014）对动词拷贝结构来源、演化机制方面的研究。李讷和石毓智（1997）认为，这一结构的产生，是由核心句结构 VOC 先演变为"V 得 OC"再到动词拷贝结构产生；而施春宏（2014）认为，"动补结构系统发展推动了'[V（得）O]C'向动词拷贝句演化"，"动词拷贝句由 VO 和 V（得）X 黏合而成，黏合的语义基础就是 V 的客体论元跟 X 的任何论元都不同指，在句法系统中的背景则是'V（得）X'已经发展得相对成熟了，而这些都由相关语用促发而成"。无论是李讷和石毓智的"演变说"，还是施春宏的"黏合说"，都认为 VOC 核心句结构是动词拷贝结构衍生的基础，也都强调补语性成分"C"或者"X"的不可或缺地位和作用。而我们知道，VOC（"动–宾–补"）结构所建构的正是典型的渐成类事件结构，表征事件从起始到最终结果的完整性过程。这也就意味着，由其衍生的 VOVC 结构句子也表征的是渐成类事件，对本书的讨论来说，"$V_i + N + V_i + T$"也不例外。由此，我们可推断，"V + T（的）+N"结构与动词拷贝结构"$V_i + N + V_i + T$"在语

---

[1] 施春宏（2010）对动词拷贝句的前期研究做了比较详尽的综述分析，值得参看。但我们认为，施春宏（2014）过多从语义的角度来诠释动词拷贝结构，致使其"动词拷贝"概念下的拷贝句式涵盖了太多的模糊区域，甚至"苍蝇打死了"这样的句子也可以解释为"边缘拷贝句"（因为可以解释为"打苍蝇打死了"！），这就有些不可思议。谈到"句法结构"，"结构"本身仍应是第一位的界定标准。离开了"VOVC"当中的四个结构性要素，都不应该定义为动词拷贝结构。

义上应该是等值的,两类动词结构具有可转换的关系。先看二者对应的例子:

(16) a. 做了二十多年的事 a'. 做事做了二十多年
(17) a. 打了一天的仗 a'. 打仗打了一天

排除语用因素不谈,在语义关系上,上述(16)-(17)各例中 a 和 a' 两句具有相等特征。各 a 句里的时间量化成分如"二十多年的""一天(的)"等,相当于对应 a' 句动词拷贝结构中的第二个动词后的时量宾语成分。由于动词拷贝结构里的动词总是及物性动词,位于及物性动词后的成分仅有两类:宾语或者补语。因此,马庆株将谓语动词后的时间词或短语称为"时量宾语"(马庆株,1984),是有其道理的。但我们认为,在语义特征上,受到"VOVC"结构意义压制的影响,正像"VC"表征事态进展所达到的最终结果一样,"$V_i + T$"表征事态进展所达至的最终时间节点,或者说,在这类结构中,"T"是补语成分"C"的一个子类,由此建构了"$V_i + N + V_i + T$"结构的完整性时间语义特征。

以下再从语法体标记的介入特征上来看动词拷贝结构的完整性特征。汉语的完整体标记"了/过"可以自由地插入到完整性结构"$V_i + T$"之中,而非完整体标记"在/着"不可以插入。例如:

(18) a. 张三看了/过三个小时的电视。a' 张三看电视看了/过三个小时。
b.* 张三在看/看着三个小时的电视。b'* 张三看电视在看/看着三个小时。

因此,在体标记的介入特征上,动词拷贝结构也体现出完整性事件句的特征,并与"V + T(的)+ N"结构保持着一致性。以上我们从"V + T(的)+ N"结构与动词拷贝结构可相互转化特征出发,通过考察动词拷贝结构的完整性衍生来源、"动词 + 时量宾语"符合动词拷贝结构中的"VC"事件表征特征,以及完整体标记的自由介入特征,佐证了尽管"V + T(的)+ N"在英译中 T 会处理成 FOR NP 的 A- 量化成分,但在汉语里，它的确是 D- 量化的一部分，表征的是一个渐成类事件句，这对我们进行语言类型学推断有着重要意义。

6.5　汉英事态句量化与语言世界观

　　Q- 型句构和 T- 型句构在汉英语言里都是常见句法结构类型。汉英语里的 Q- 型句构呈现出句法结构、量化特征、时间语义上的一致性，二者均为 "V + Q + NP" 的结构，在量化特征上均属于 D- 量化类型，由此在时间语义上二者均表征完整事件。D- 量化其实主要是对句构中表征 "物" 的名词短语（NP）的量化，表明汉英民族对 "物" 的认知和看法具有共性，这是汉英民族语言世界观上相同的部分。

　　与 Q- 型句构不同，汉英语里的 T- 型句构呈现出句法结构、量化特征以及时间语义特征上的系统性差异。在句法结构上，汉语的 T- 型句构呈现的是 "V + T（的）+ NP" 的结构类型，而英语的 T- 型句构呈现的是 "V + NP + T" 的结构类型。在量化特征上，汉语的 T- 型句构里，T 成分主要量化的是 NP 成分，并以 T- 型句构建构事件句，仍然属于 D- 量化类型；而英语里的 T- 型句构里，T 成分主要量化的是 "V + NP" 成分，属于 A- 量化类型。在时间语义特征上，汉语的 T- 型句构因为发生 D- 量化而具有完整性特征，构成事件句；而英语里的 T- 型句构因为发生 A- 量化而不具有完整性，而是具有过程性，构成过程句。这一语言差异表明，汉英民族对待 "事" 的看法不同，并具体通过量化方式和量化类型差异反映出来。

　　综合比较 Q- 型句构和 T- 型句构在汉英语言里量化方式和量化类型，可以看出，汉语民族 "物" 和 "事" 的量化方式相同，都是用 D- 量化类型，反映在语言世界观上，表明汉语民族对待 "物" 和 "事" 的看法相同，认知统一。但对英语民族来说，NP 和 VP 是不同的，并具体通过 D- 量化和 A- 量化加以区分开来。这就再次印证了本书的核心观点，即汉语民族的语言世界观是 "物" "事" 合一的，整体性的，而英语民族的语言世界观是 "物" "事" 分立的，是二元的。

6.6 本章小结

本章分明暗两条线对 T- 型句构进行讨论。明线上讨论了 T- 型句构的语义、句法特征、事件表征特征，证明该结构建构事件句。结果表明，其中的 T 成分构成 D- 量化类型；相比之下，英语中的对应结构"V +（N）+ FOR T"建构的是非事件句，其中的 T 成分构成 A- 量化类型，如表 6–3 所示。

表 6–3　汉语 T- 型句构与英语"V +（N）+ FOR T"句构对比

句法结构	时间句法	时间语义	时间量化
汉语："V + T（的）+ N"	渐成类事件句，可用"V + SpecNP"表征	表征事件：[+ 动态，+ 持续，+ 完整]	D- 量化类型——事件量化
英语："V +（N）+ FOR T"	过程类事态句，不用"V + SpecNP"表征	表征过程：[+ 动态，+ 持续，− 完整]	A- 量化类型——事例量化

暗线上作了两个方面的比较：T- 型句构与 Q- 型句构比较以及 T- 型和 Q- 型结构与对应英语结构比较，发现汉语的 T- 型和 Q- 型结构都建构事件句，但相对应的英语 Q- 型结构建构事件句，而 T- 型结构建构的是非事件句（过程句）。

这一发现表明，汉英语言对事态的量化方式存在差异。在汉语的 Q- 型句构里，Q 成分主要量化 NP 成分，并以 Q- 型句构建构事件句；T- 型句构里，T 成分主要量化的是"V + NP"成分，并以 T- 型句构建构事件句。汉语对"物"和"事"采取相同的量化方式，即 D- 量化方式。而在英语里，Q- 型句构里形成与汉语类似的 D- 量化，而 T- 型句构里形成 A- 量化方式，即英语对"物"作 D- 量化，对"事"作 A- 量化。

语言表征方式反映的是该语言民族的世界观。汉英语言在句法层面的量化类型学差异表明，汉英语言使用者对事态的感知方式有所不同。汉语民族将"物"和"事"视为同类，"物""事"合一，这在哲学层面上反映了汉语民族的"整体观"和"全局观"；而英语民族将"物""事"

视为异类,"物""事"分立,这在哲学层面上反映了英语民族的"个体观"和"局部观"。

上述考察结果对跨语言交际和翻译具有指导意义,即在汉语中处理为"事件"的场合,英语转换中可能处理为"过程",反过来也同样成立,并可通过 Q- 型和 T- 型两个句构之间的转换得到实现。

形而下篇

第 7 章
对比语言学的"形而下"

7.1 引言

形而下也是中国古代哲学的重要内容之一。儒家哲学中指有形质的或已成形的东西,与表示无形的或未成形体的东西的形而上对称,以说明"道"(形而上)与"器"(形而下)的关系,即法则、规律、道理和器物的关系。形而上既指哲学方法,又是指思维活动;形而下则指具体的、可以捉摸到的东西或器物;形而上的抽象,形而下的具体。对比语言学研究的形而下,指将对比分析的结果应用于相关实践性领域,如外语教学与学习、词典编纂、翻译理论研究与实践等。

自 20 世纪 50 年代对比语言学诞生以来,对比分析有着强烈的应用倾向,并经历了"对比分析假设"(五六十年代)、"偏误分析"(七八十年代)、"融合翻译"(90 年代末期至今)三大阶段。其中,中国学界于 20 世纪 90 年代开创的对比语言学理论创新也是该学科领域建设和发展中一抹靓丽风景线。以下将简要梳理 20 世纪后半叶对比分析的应用研究发展历程。

7.2 对比分析与外语教学

自对比分析发端,作为应用学科的对比分析经历了两个高峰期。对比分析的第一个高峰期出现在 20 世纪五六十年代,代表性学者是弗里斯(Charles C. Fries)和拉多(Robert Lado)。他们的对比分析理论与方法论,主要受到结构主义和行为主义的启发(潘文国、谭慧敏,2018:87)。

继弗里斯(1945)之后,拉多所著《跨文化语言学》(*Linguistics Across Cultures*)(1957)开风气之先,声称"学生在学习外语的过程里,会发现有些特征学起来较为容易,有些则极为困难。那些跟母语相似的元素学起来较为简单,而相异元素学起来困难"(Lado,1957:前言)。这一观念逐渐发展成为"对比分析假设"。沃德豪(Wardhaugh,1970)指出,对比分析假设存在一强一弱两个版本,"强版"(strong version)声称对比分析对外语学习具有预测力,即通过对比分析就可以预测外语学习过程里的难易点;"弱版"(weak version)则没有这么雄心勃勃,仅认为对比分析可以对外语学习过程中出现的错误作出解析。

到了 20 世纪 60 年代末,"强版"对比分析假设被证实无效(Whitman & Jackson,1972),并在 1968 年的乔治敦会议(Georgetown Conference)上遭遇毁灭性批判(潘文国、谭慧敏,2018:89),第一次高峰终止。很明显,这一发展时期内,不论是"强版"对比分析假设,还是"弱版"对比分析假设,对比分析是理论探索部分,而学习预测或问题解析是理论的应用部分,有些对比分析学者,如拉多(Lado,1957)等,干脆就认为对比分析是应用语言学,但多数对比分析学者(James,1980;Fisiak,1981;Krzeszowski,1990;许余龙,1992;潘文国,1997/2002;潘文国、谭慧敏,2018)则认为对比分析兼具理论与应用两个层面。

第二个高峰期出现于 20 世纪七八十年代,特别是在欧洲,不少学者耕耘在对比分析领域。对比分析的理论探讨以詹姆斯(James,1980)、菲齐亚克(Fisiak,1981)、科尔采斯佐夫斯基(Krzeszowski,1990)为代表。他们广泛讨论了诸如"对比与比较""对比参项""对应与对等"等基本理论问题以及对比分析方法论。这一时期的对比分析应用探讨集中在"偏误分析"上。既然对比分析用来预测学习难点无

第7章 对比语言学的"形而下"

效,那么应该可以用来解析语言学习中的偏误,比如,詹姆斯(James, 1980)竭力阐述对比分析在二语学习中的预测力(迁移、偏误、难点)和偏误分析功用。科尔采斯佐夫斯基(Krzeszowski, 1990)用了一章(Chapter IX)的篇幅来讨论外语学习中的偏误分析如何能够为对比分析预测力提供实证性的依据。

与第一波高峰期相比,第二波高峰期的对比分析的应用方向仍然是二语学习与教学,依然区分理论与应用两个层面。潘文国和谭慧敏(2018:89)考察了由萨热瓦拉和莱特内(Sajavaara & Lehtonen, 1981)编辑的1965年至1980年发表的对比分析文集,共计92篇文献,其中46篇是对比分析的一般性讨论,另外46篇均为英语母语者如何学习其他语言的分析。这就表明两个高峰期的对比分析在应用方向探讨上并未发生实质性变化,均为外语学习与教学,对比分析与二语学习和教学的关系是理论与应用的关系。这也再次表明,在对比分析的第二个高峰期里,没有证据显示对比分析和翻译研究之间产生了强势关联,也就谈不上对比分析的结果应用于翻译研究的问题。

7.3 对比分析与翻译研究

对比语言学的形而下另一个应用领域是翻译。但对比分析在上述两个高峰期内,并未受到对比分析学者的广泛关注,这一状况直到20世纪90年代初期才出现转变。此后,对比分析被认为用来做偏误分析无效,对比语言学家们认识到须另辟蹊径,转向对比分析与翻译研究的关系探索,如扎亚豪斯尼(Ziahosseiny, 1991)、刘宓庆(1992)、许余龙(1992)、哈提姆(Hatim, 1997)以及格朗热(Granger, 2003)等。

扎亚豪斯尼(Ziahosseiny, 1991)率先将对比分析由关注二语习得和偏误分析向口笔译者培训的思路进行转变,探讨了对比分析的结果用于口笔译译者的可能性和途径问题。刘宓庆(1992)基于英汉两种语言差异的细致系统观察,讨论了英汉语言之间互译的技巧问题,可以说是着眼于汉英互译的对比语言学应用研究的典范之作。该书通过汉英词、主语、谓语、句式、语序、语段、语态、情态等方面的对比分析，辨析汉英语言在上述诸方面的共同点和差异，并将对比分析结果应用于汉英翻译规则和技巧。许余龙（1992）和潘文国（1997/2002）的探讨焦点虽然都在语言对比的理论上，但均声称翻译过程能够而且应该得到对比分析结果的指导，而且二者都花了一个章节的篇幅，论述对比分析在翻译中的可能应用问题，但遗憾的是他们都没有跨越到该应用领域的探讨。

以上所述的将对比分析结果应用于指导翻译实践的思路在20世纪90年代里具有相当程度的广泛性，这从中国学界所出版的大量英汉对比与翻译教材以及开设的相应课程可见一斑，如《汉英对比与翻译中的转换》（周志培，2003）、《英汉翻译基础教程》（冯庆华、穆雷，2008）、《汉英翻译基础教程》（冯庆华、陈科芳，2008）、《英汉语言比较与翻译》（冯庆华、刘全福，2011）等，此处就不一一举例了。

但这些著述和教材基本上是在承继"对比分析指导翻译实践"的传统思路下形成的，而这一传统的观念失之于单向性和割裂性。单向性是指对比分析的结论单向作用于翻译，即对比分析的结果用来指导翻译实践，但却忽视了翻译也同时作用于对比分析。割裂性是指把对比分析和翻译看作理论和应用的不同层面，但这忽视了翻译语言在对比分析中的"第三语码"地位，未能认识到翻译语言在对比语言学中的理论建构中发挥着重要作用，因而也就未能将翻译语言纳入对比分析的理论体系中（尚新，2021）。这一状况直到20世纪90年代末期对比分析与翻译研究在语料库语言学的"桥接"之下发生融合才得以改变，形成了21世纪初期以来对比分析研究的新潮流，即"基于语料库的对比分析与翻译研究"或"语料库驱动的对比分析与翻译研究"新路径。

7.4 早期语言学路径的翻译研究

自从20世纪50年代起，不同学者运用不同的语言学分析路径来探

第7章 对比语言学的"形而下"

讨翻译：系统功能语言学、转换生成语法以及认知语言学等语言学理论。但基于这些语言学理论的翻译研究，既没有使用过对比分析的基本概念和术语，也没有运用过对比分析的方法论。因此，20世纪50年代至90年代的语言学路径的翻译研究，与对比分析无涉。

卡特福德（John C. Catford）在其著作《翻译的语言学理论》（*A Linguistic Theory of Translation*）（1965）里，开风气之先，以韩礼德（M. A. K. Halliday）的系统功能语言学理论来分析翻译问题，很可能是迄今运用普通语言学理论来探究翻译的最为详尽的著作（Kenny, 2012）。卡特福德所使用的语言学概念包括情状、情状特征（situational feature）、语境（context）、语域（register）、风格（style）以及模式（mode）等，但他并不是一味地拘泥于韩礼德对这些概念的定义。比如，他对语域、风格和模式的定义与韩礼德的定义并不一致（Catford, 1965: 89）：

> 语域、风格和模式是与说话当下情状相关联的语言变体。语域是指与既定场合下发话者的社会角色相关的变体。风格是指与受话者的数量和性质以及发话人与他们之间关系的变体。风格沿着一个级度发生变化，这一级度大致上可以刻画为：正式……非正式。

卡特福德将翻译定义为"用一种语言的文本材料对等替代另一种语言的文本材料"（Catford, 1965: 20）。在卡氏的理论体系里，"对等"也是一个关键术语。在他看来，翻译理论的中心任务就是定义翻译对等（translational equivalence）。目的语文本一个表达成分与源语文本中的一个成分对等并不仅仅意味着"同义"，而是尽可能在情状范围（situational range）上重合（就好比英语里打招呼用的"Hello"和汉语里打招呼用的"吃过了吧？"）。因此，卡特福德将文本对等（textual equivalence）与形式对应（formal correspondence）加以区分，并主张翻译的目标是保留前者而非后者。卡特福德没有使用对比分析的"对比参项"概念。最为重要的是，通过强调源语文本与目的语文本对而非源语语言与目的语语言的语对，卡特福德的理论旨在用来探讨翻译产品，即索绪尔提出的言语，而非语言。

尽管卡特福德讨论了不少翻译迁移（translation shift）问题，包括层次迁移（level shift）和范畴迁移（category shift），也探讨了由于语音、语法、词汇等不同层次之间可能出现的不可译性问题，但他并没有对两种或以上语言进行对比分析。卡特福德所讨论的层次迁移的例子如（Catford, 1965: 75）：

（1）a. 'Čto že *delal* Beľtov v prodolženie etix des'atilet?
　　　—Vse il počti vse.
　　b. Čto on *sdelal*?
　　　—Ničego ili počti ničego.

在此例中，卡特福德解释道，俄语非完整体动词"*delal*"被冠以完整体标记"s"成了完整体形式"*sdelal*"，翻译成英语时既可以用 did 形式，也可以用 was doing 形式，但由于没有上下文来显示时间处在进行之中，前一种是更好的译文。俄语完整体标记明确地标记事件完成，可以有效地表达类似英语中如下的意义"What did he *do and complete*?"。但英语里的 was doing 强调的是事件处在进行之中，因而不可用于此处。在此情况下，就需使用另外一个动词：一个在此语境下内蕴了结束义的词汇项"achieve"（干成，成就）。例（1）中的俄文就可英译为：

（2）a. What did Beltov *do* during these ten years?
　　　这十年里贝尔托夫都干些什么？
　　　—Everything, or almost everything.
　　　—什么都干，或几乎什么都干。
　　b. What did he *achieve*?
　　　他干成了什么呢？
　　　—Nothing, or almost nothing.
　　　—什么都没干成，或几乎什么都没干成。

卡特福德尝试运用韩礼德语言学理论来进行翻译研究，致力于通过翻译对等来建构翻译理论，这一尝试并不是在对比分析的框架下完成的。根据上文，对比分析路径的翻译研究首先是基于"对比参项"的，

第7章 对比语言学的"形而下"

从"对比参项"出发来发现两种语言之间的对应情况,进而形成"对应规律"(correspondence rule)假设。该假设一旦得到"双语语料库"(bilingual corpus)数据的检验支持,则可以形成"翻译策略"假设,再接受"平行语料库"(parallel corpus)数据的检验。卡氏的做法是从翻译数据(尚未涉及语料库问题)开始的,因而与对比分析的翻译研究刚好相反。其他运用系统功能语法来进行翻译研究的学者还包括豪斯(House,1997)依据韩礼德的语域分析理论来讨论翻译质量评估;贝克(Baker,1992)聚焦于实习译者的话语和语用分析;哈提姆和麦森(Hatim & Mason,1990,1997)运用语域分析理论进行译者研究等。

在20世纪七八十年代,德国的一批功能派学者对翻译的研究也属于功能派路径,但不是韩礼德的系统功能理论。这些学者包括雷斯(Katharina Reiss)、弗米尔(Hans J. Vermeer)、诺德(Christiane Nord)等。雷斯将语言功能与文本类型及翻译策略关联起来进行研究(Reiss,1981/2000);弗米尔聚焦于目标文本的目的性提出了翻译策略的目的论(skopos theory);诺德聚焦于源语文本,强调翻译过程中文本分析的必要性,并建构了翻译导向的文本分析模式(Nord,1988/1989,1997)。不论是韩礼德功能学派,还是德国功能学派,这些功能语言学路径的翻译研究都没有运用对比分析的基本概念和研究方法论,也就意味着这些语言学路径的翻译研究并不是基于对比分析的翻译研究。

如果说卡特福德严重依赖韩礼德功能语法来论翻译问题,同时代的圣经翻译大师奈达(Eugene A. Nida)则是采纳了形式语言学理论,也就是乔姆斯基的转换生成语法,以此作为其翻译研究的理论基础。奈达的翻译理论成型于20世纪60年代出版的两部主要著述:《面向翻译科学》(1964)以及与泰伯合著的《翻译理论与实践》(Nida & Taber,1969)。这两部著作均深受乔姆斯基的转换生成语法的影响,将句子分析成为受规则控制的一系列相关层次。该模式的关键特征可简要归纳为(Munday,2001:39):

(i)短语结构规则生成一个深层结构,(ii)该深层结构又通过转换规则关联到另一个深层结构,并(通过生成规则)生成(iii)一个终端表层结构,该表层结构受音系和形态规则的制约。

奈达将乔姆斯基的转换生成语法理论模式的关键特征融入其翻译"科学"探索,并在分析源语文本时反向运用了乔姆斯基的句法结构生成与转换模式。奈达发现,乔姆斯基的句法结构生成与转换模式为译者提供了解码源语文本(ST)的技术手段和编码成目的语文本(TT)的程序(Nida,1964:60)。由此,奈达建构了一个包含了分析(analysis)、转换和重构(restructuring)的翻译三阶段系统(three-stage system)模型,如图7-1所示(Nida & Taber,1969:33)。

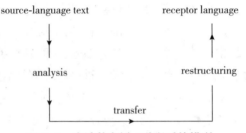

图7-1 奈达的翻译三阶段系统模型

图7-1表明,源语文本的表层结构被分析成深层结构的基本元素;这些基本元素在翻译过程中被"转换"成目的语文本的深层结构基本元素;再经语义与风格重构为目的语文本的表层结构形式。受转换生成思想的启发,奈达致力于实现翻译中的两大目的:"形式对等"和"动态对等",并特别强调"动态对等"的重要性。

在奈达看来,形式对等严格地指向源语文本结构,从而对翻译中的"精确性和正确性产生强势影响"(Munday,2001:41)。动态对等在奈达和泰伯1969年的著述中更名为"功能对等"(functional equivalence),这一变化是基于奈达对所谓的"等效原则"的考虑,即目的语"接受者与信息之间的关系在实质上等同于源语接受者与信息之间的关系"(Nida,1964:159)。目的语文本(TT)不应表现出源语文本（ST）所施加的影响，源语文本背景的"异国腔调"（foreignness）应尽可能地予以消除（Nida, 1964: 167-8）[1]。如此一来，奈达理论的核心思想与对比分析的追求也相去甚远，他所使用的一些关键概念如形式对等、动态对等以及等效也与对比分析中的对应大为不同，因此，我们也可以将奈达的翻译理论探索排除在基于对比分析的翻译研究之外。

7.5 本章小结

　　理论及其应用是科学发展不可或缺的两个维度，人们从实践中归纳并演绎出理论，理论又反过来指导人们以清晰的思路进行目标更为明确、方法更为有效的实践活动。对比语言学的形而下就是将对比分析所发现的两种或以上语言间的对应规律加以应用，指导人们的社会活动或行为。自对比语言学创设以来，这一应用倾向就非常强烈和鲜明，体现在 20 世纪五六十年代的"对比分析假设"、七八十年代的"偏误分析"和 90 年代末期以来的"基于对比分析的翻译研究"等科学探索之中。但随着翻译学科意识在 20 世纪 80 年代的觉醒，加上语料库语言学于 90 年代的兴起，对比分析与翻译研究二者的地位不再是理论与实践的简单关系，而是融合发展、相互促进的关系，从而也形成了对比语言学在历史上的第三波探索高峰。

---

1 《红楼梦》的两个英译本是这个方面的例子。其中一个译本由杨宪益及夫人戴乃迭所译（*A Dream of Red Mansions*），比较好地再现了原作的风味和风格，这仅从书名就体现出来。另一个译本由英语汉学家霍克斯（David Hawkes）及其女婿闵福德（John Minford）所译，英文书名为 *The Story of the Stone*。与杨宪益译本相比，霍克斯译本更多地考虑了英语本族语读者，使用了英语本族语读者感觉舒适的表达方式，也将原作中文化难点小心翼翼地过滤出去。

第 8 章
对比分析与翻译研究

8.1 引言

第 7 章对翻译学的语言学研究路径的梳理发现,虽然翻译研究的语言学路径发端于雅各布逊(Jacobson, 1959)、奈达(Nida, 1964)、卡特福德(Catford, 1965),发展于哈提姆和麦森(Hatim & Mason, 1990)以及哈提姆(Hatim, 1997)等的研究,但早期的语言学路径的翻译研究却不能视为基于对比分析的翻译研究。一方面,语言学取向的翻译研究通常求助于对等、等效以及源语文本-目的语文本对,但这些都不是对比分析理论框架中的基本概念,包括对应、对比参项以及源语-目的语语对;另一方面,早期语言学路径的翻译研究没有使用对比分析的"描写—并置—比较"这一基本研究方法论。

自 20 世纪 90 年代开始,也陆续出现了翻译研究的非语言学路径。图里(Toury, 1995)提出的描写翻译研究(descriptive translation studies, DTS),巴斯奈特(Bassnett, 1980/1991)、勒弗维尔(Lefevere, 1992)、尼拉亚娜(Niranjana, 1992)以及王宁(2014)等推动的文化转向翻译研究(cultural-turn translation studies),贝克(Baker, 1992)、约翰逊和奥克斯费耶尔(Johansson & Oksefjell, 1998)、约翰逊和哈瑟尔加德(Johansson & Hasselgård, 1999)及格朗热(Granger, 1996, 2003)等开拓的"语料库驱动翻译研究"(corpus-driven translation studies),还有加西亚(Ramón García, 2002)、约翰逊(Johansson,

2008)、拉巴丹和伊兹奎尔多（Rabadán & Izquierdo, 2013）、尚新（2014a, 2015, 2023）及莫里诺（Molino, 2017）开展的基于对比分析的翻译研究（contrastive analysis-based translation studies）。由此，莫迪（Munday, 2001：183）指出：

> "在久已确立的各学科之间，翻译研究实质上起着腓尼基商人[1]的作用，与语言学（特别是语义学、语用学、应用语言学以及对比语言学）、现代语言与语言研究、比较文学、文化研究（包括性别研究和后殖民研究）、哲学（语言及意义的方面，包括阐释学和解构主义）都有重要关联。然而，要特别指出的是，翻译研究与其他学科之间的关系尚未定型……"

这里莫迪提到了翻译研究与对比语言学。一方面，他承认对比分析是久已确立的学科之一；另一方面他认为翻译研究与对比语言学或对比分析有关联。但这一关联的本质特征是什么，莫迪并未尝试去证实和阐释。

8.2　对比分析与翻译研究的融合

早在20世纪80年代，国际著名对比语言学家切斯特曼（Chesterman, 1980）就曾预测，21世纪的翻译研究将主要表现为三大发展趋势：一是研究兴趣从注重译文本身扩展到注重译者及其决策过程；二是研究路径从规定性转变为描写性；三是研究方法从哲学的概念分析转变为实证性研究。实际上，这些研究趋势来得比切斯特曼的预测要快得多。

---

[1] 腓尼基人（Phoenician）是一个古老民族，生活在地中海东岸相当于今天的黎巴嫩和叙利亚沿海一带，自称迦南人（Canaan），被希腊人称为腓尼基人，是西部闪米特人的西北分支，创立了腓尼基字母；腓尼基人善于航海与经商，在全盛时期曾控制了西地中海的贸易。他们发展了手工业和商业，是高明的手工业艺人，也是远走四方的商人。

第 8 章　**对比分析与翻译研究**

8.2.1　**对比分析的第三次复兴**

"对比"这一概念久已存在,而"对比分析"作为一个确立的学科,学界公认是发端于拉多于 20 世纪 50 年代出版的《跨文化语言学》(*Linguistics Across cultures*, 1957)。其后在长达半个世纪的研究探索中,对比分析都与语言教学密切关联,形成了"对比分析假设"和"偏误分析"为标志的两次研究高潮。对比分析与翻译研究之间的密切关系直到 20 世纪 90 年代末期在语料库语言学的桥接之下才真正显现出来,时隔近半个世纪。

随着语料库语言学在 20 世纪 80 年代末期的兴起与发展,语言对比与翻译研究于 90 年代中期渐趋融合,可作见证的相关成果包括约翰逊(Johansson, 1998),格朗热等(Granger et al., 1999)等。约翰逊(Johansson, 1998)区分了"可比语料库"(comparable corpus)与"翻译语料库"(translational corpus),并指明了二者分别与双语对比和翻译之间的关系。格朗热等(Granger et al., 1999)是将对比分析真正地运用于翻译研究的早期尝试,他们编辑了一个系列文集《语言与人类》(*Le Language et l'Homme*),其中一辑书名为《对比语言学与翻译》(*Contrastive Linguistics and Translation*),话题涵盖形态、句法、语义、语用、社会语言学以及语料库语言学,为对比分析和翻译的潜在结合和最新进展提供了诸多洞见,他们乐观地认为,对比分析再次呈现出无所不在的特征,而且"语料库研究证实了对比语言学与翻译之间存在着密切的关联"(Granger et al., 1999: Preface),但这一关联关系到底是什么,又是怎样产生的,他们未曾深究。

语料库语言学、对比分析与翻译研究于 20 世纪 90 年代末期的融合,还有两个重要的标志性事件。一是"第四届北欧基于语篇的对比研究学术研讨会",1997 年 4 月于挪威科学与文学学院高级研究中心(奥斯陆)召开,后由约翰逊(Stig Johansson)和奥克斯弗耶尔(Signe Oksefjell)共同编辑出版会议论文集《语料库与跨语言研究:理论、方法与案例》(*Corpora and Cross-Linguistic Research: Theory, Method, and Case Studies*)(Johansson & Oksefjell, 1998)。第二个重要事件是对比语言学国际期刊《语言对比》(*Languages in Contrast*)于1998年在荷兰创刊，明确了该刊的创设目标是促进跨学科语言研究，特别是将对比分析与翻译研究关联起来的相关研究。这些重要研究成果和事件推动了双语语料库和平行语料库大量涌现，激发了对比分析与翻译研究之间的快速融合，对比分析学科也由此迎来了历史上第三次复兴，至今方兴未艾。

8.2.2 对比与翻译"并栖关联"说

1999年，格朗热等合编的《对比语言学与翻译》，汇集了从不同路径来研究对比分析与翻译的学术成果，揭示了对比分析与翻译之间的"共栖关联"（symbiotic link）特征（Granger et al., 1999: Preface）。格朗热（Granger, 2003）曾断言："虽然对比语言学与翻译研究有着部分共同领域，仅仅是在最近，随着语料库的出现，这两个学科才开始融合。"这一观点具有广泛的代表性，学界倾向于认为正是语料库语言学的出现，才使得对比分析与翻译研究融合在一起。

因此，对比分析与翻译研究之间的"共栖关联"说是20世纪90年代末期以来流行的一个重要观点，学界已经认识到对比分析与翻译之间存在着密切关联，语料库研究在其中所发挥的作用是"证实了对比语言学与翻译研究之间的共栖关联"（Granger et al., 1999: Preface）。学界由此掀起了"基于语料库的对比分析与翻译研究"和"语料库驱动的对比分析与翻译研究"热潮，取得了丰硕的研究成果，如艾热莫和阿尔滕伯格（Aijmer & Altenberg, 1996, 2013）、约翰逊（Johansson, 1998, 2007, 2008）、格朗热（Granger, 2003）、格朗热等（Granger et al., 2003）、约翰逊和奥科瑟弗耶尔（Johansson & Oksefjell, 1998）、约翰逊和哈萨尔加德（Johansson & Hasselgård, 1999）、拉蒙-加西亚（Ramón García, 2002）、泰科（Teich, 2003）、拉巴丹和伊兹科尔多（Rabadán & Izquierdo, 2013）、纽曼和汉森-席拉（Neumann & Hansen-Schirra, 2013）、加斯特（Gast, 2015）、莫里诺（Molino,

第 8 章　对比分析与翻译研究

2017)、格里索特(Grisot, 2018)以及海瑞德(Hareide, 2019)等；国内相关成果则有王克非等(2004)、秦洪武和王克非(2009)、以及尚新(2014a, 2015, 2020, 2021, 2022, 2023)等。

但究竟何谓"共栖关联"？它是对比分析与翻译研究二者融合的内在动因吗？当前学界主流的"基于"模式和"驱动"模式是否恰当地反映了对比分析和翻译研究内在关系的要求？

根据 Merriam-Webster 词典的解释，"共栖"(symbiosis)是指"两种不同生物或多或少紧密结合在一起生活"抑或指"两个人或团体的合作关系"。《现代汉语词典》(网络版)对"共栖"的释义是："两种生物生活在一起，对一方有利，对另一方也无害，或者对双方都有利，两者分开以后都能够独立生活。"比如海葵常固着于寄居蟹的外壳上，海葵靠刺细胞防御敌害，能对寄居蟹间接地起到保护作用，而寄居蟹到处爬动，可以使海葵得到更多食物，但一旦分开，它们仍能独立生存。

从表面上看，对比分析与翻译研究属于两个不同的研究领域，二者可分开来研究，比如有人纯粹从语义学的视角进行语言对比分析，也有人纯粹从文化学的视角来探讨翻译，二者"都能够独立存在"，符合"共栖关联"特征。因此，学界一个常见观点是，译者不必基于对比语言知识或依据对比语言知识制定翻译策略以产生译文，比如林纾不懂外语也能大量翻译；更有人对从语言学的角度来探讨翻译持激烈的批判态度。实际上，林纾是翻译史上绝无仅有的个例，他不懂外语，只能依靠口译者的转述来重新创作，这导致他在翻译理论方面终究毫无建树。不论是翻译的文化论者，抑或是女性主义论者等，也只不过是在深谙语言对比的基础上有意无意地强调文化抑或女性主义的重要性罢了。

从学理上来看，对比分析是开展翻译研究的基础。"共栖"的发生并不需要两种事物之间有种属上的联系，比如海葵与居蟹"共栖"，赛马与赌博"共栖"，是选择的结果，并在所涉双方互利或者偏利的情形下固定下来。但这不能解释对比分析与翻译研究之间的关系，因为对比分析是对不同语言之间的对应情况进行考察，翻译研究是对不同语言之间转换的研究，二者同根同属；再者，对比分析与翻译研究之间不具有选择性。说到底，离开语言对比来谈翻译或翻译研究便是无本之木，因此"并栖关联"说只是揭示了对比分析与翻译研究之间关系的表象。

在"并栖关联"说的视野下，融合了对比分析与翻译的研究常冠名为"基于语料库的 XX 对比/比较研究"，比如格朗热（Granger, 2003）、格朗热等（Granger et al., 2003）、埃尔默和阿尔滕伯格（Aijmer & Altenberg, 2013），或者冠以"基于语料库的对比语言学与翻译研究"，如约翰逊（Johansson, 2003）等。语料库语言学在对比分析与翻译研究之间所起到的强势关联作用，体现在源语文本与目的语文本对（ST-TT pair）语料库数据用来驱动得出有关翻译研究的结论，可以称之为"语料库驱动型基于对比分析的翻译研究"（corpus-driven CA-approach to TS）。这类研究虽然反映出语料库数据、对比分析和翻译研究相互渗透，其特征一般是由语料数据统计分析出来的结果来驱动得出相关结论，但其中彰显的是"语料库数据处理"与"对比分析与翻译"二者之间的关系问题，仍未能揭示"对比分析"与"翻译研究"之间的内在关系问题；再者，"并栖关联"所推动的基于语料库驱动模式的英汉对比分析与翻译研究经过一段时期的历史检验，反映出一些比较严重的问题，需要及时反思，以便更好地推动对比分析与翻译的融合研究。

8.3　语料库驱动研究路径反思

1999 年 2 月，比利时鲁汶天主教大学举办了主题为"对比语言学与翻译研究：实证路径"的学术研讨会，会议上提交的一些论文经格朗热等人编辑出版，书名为《基于语料库的对比语言学与翻译研究》（*Corpus-Based Approaches to Contrastive Linguistics and Translation Studies*）（Granger et al., 2003）。这里的"基于语料库"（corpus-based）只是宽泛的说法。根据梁茂成（2012）的研究，"基于语料库"最初是与"语料库驱动"相对的研究范式,前者并不试图推翻已有的语言分析体系,只是将语料库视为众多数据种类中的一种,不排斥在必要时使用其他类型的数据,包括内省数据;而后者主张相信文本,一切源自语料库。

从学界使用来看,"基于语料库"更多指"语料库驱动"(如濮建忠,2014;胡开宝、盛丹丹,2020),也有部分成果以此指通过语料数据加以验证,即"语料库验证"(如陶源,2015;詹先君,2015)。可见,"基于语料库"这一术语实际已成为运用语料库来进行语言与翻译研究的通行说法,已失去其原有的"验证"涵义。因此,本书提出"语料库验证"(corpus-tested)与"语料库驱动"(corpus-driven)相对,前者是指通过语料库数据对相关理论假设进行验证的实证研究,后者则是通过语料库数据驱动直接得出结论的实证研究,二者在研究目标和操作程序上有重大差别,从而将基于对比分析的翻译研究引向不同的发展轨道。具体来说,语料库驱动型对比分析与翻译研究存在如下三方面的关键性缺陷。

8.3.1　失衡的语料库数据游戏

约翰逊(Johansson,2003)依据对比分析与翻译研究的类型将语料库分为三类:(1)包含原创文本及其译文的多语语料库,用来进行对比和翻译研究;(2)包含原创文本且语料在文体、创作时间等方面相匹配的多语语料库,用来进行对比研究;(3)包含原创文本及翻译文本的单语语料库,用来进行翻译研究。我们将上述三类语料库分别称为"平行语料库"(P-corpus)、"双语语料库"(B-corpus)以及"类比语料库"(C-corpus)。以汉语、英语以及翻译英语为样例来说,形成的关系图如图8-1所示:

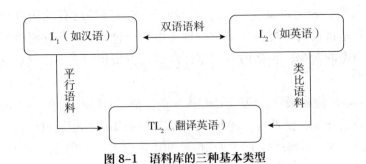

图 8-1 语料库的三种基本类型

以图 8-1 为例，L_1 代表源语（如汉语），L_2 代表目的语（如英语），TL_2 代表从 L_1 转换而成 L_2 的翻译语言（如翻译英语）。在语料库驱动型对比分析与翻译研究里，究竟要使用哪些类型的语料库，学界并没有形成统一的意见。

一部分学者主张要以平行语料库为主，可比语料库为辅，如贝克（Baker, 1993）、雷蒙-加西亚（Ramón García, 2002）以及加斯特（Gast, 2015）等。贝克（Baker, 1993）认为平行语料库的使用让我们发现翻译文本的特征，帮助我们理解翻译是什么，又是怎样发挥作用的。类似地，雷蒙-加西亚（Ramón García, 2002）认为，把翻译对等作为基于语料库的对比分析的对比参项，可以在诸多方面为翻译研究提供基础数据。加斯特（2015）基于 Europarl 翻译语料库（即本书所谓的平行语料库）对英语和德语里的非人称化方式进行了语用上的考察，确定了潜在地影响英语中非人称化分布策略的变量。

另有一些学者意识到平行语料库可能具有误导性，提出了与上述观点相反的意见，如劳瑞德森（Lauridsen, 1996）、埃尔默和阿尔滕伯格（Aijmer & Altenberg, 2013）以及纽曼和汉森-席拉（Neumann & Hansen-Schirra, 2013）等。埃尔默和阿尔滕伯格（Aijmer & Altenberg, 2013）告诫说，由于翻译倾向于受到各种"翻译效果"的影响，翻译文本数据应谨慎加以使用；纽曼和汉森-席拉（heumann & Hansen-Schirra, 2013）指出，翻译所引发的问题如词汇隔阂、语法迁移、语义调节等，都会造成源语与目的语之间的潜在分歧。

参照约翰逊的说法，双语语料主要用来处理两种语言（如汉语和英语）之间的对比研究；平行语料既用来进行对比（如汉语和英语）研究，也用来进行翻译研究（如汉语原创文本与其英语翻译文本）；类比语料（如原创英语文本和翻译英语文本）主要用于翻译研究。约翰逊的这一学术思想为后来学者所广泛采纳（如 Granger, 2003），不仅用于基于对比分析的翻译研究，而且用于纯粹的对比分析，从而使得双语语料库在对比分析中的地位和作用被有意无意地忽略了。这一思路的结果就是，语言对比和翻译研究的结合主要依靠的是平行语料库数据。再就是双语语料库实现句级对齐、对应标注及对应检索的难度很大。如此一来，研究者就拿平行语料库来应对，因为其获得较为方便，尽管也意识到注定会出现语料的误导现象。格朗热（Granger, 2003: 46）由此评价道："两个领域的研究者使用同一种数据资源，但实现目标不同：对于对比语言学来说是要揭示两种或以上语言之间的异同，而对于翻译研究来说是要捕捉翻译过程和产品中的区别性特征。"

上文已经谈到，对比分析要求对比的实际上是源语-目的语语对，而不是源语文本-目的语文本的文本对。那些依赖平行语料库数据进行对比分析与翻译研究就会落入源语文本-目的语文本对比较的陷阱。而那些反对依赖平行语料库的研究又不能完全忽视该类语料库，因为双语语料库的建构需要考虑包括时代、主题、文本类型、译者、出版商、目的读者等因素的相近性，难度较大，不像平行语料库那样容易建构。出现这种局面，除了约翰逊对语料库类型用途所做判断的引导之外，还有两个方面不容忽视。

首先，拿两种语言之间的原创文本建构双语语料库并使之具有可比性，难度之大超乎想象，不只是二者在文体类型、创作时间、内容接近这些难点上，更重要的是文本的处理难度极大，单就句级对齐这一环节，往往是既无对齐的形式基础，也无对齐的内容基础。比如，拿钱钟书的《围城》原创文本与海明威（Ernest Hemingway）的《永别了，武器》（*A Farewell to Arms*）原创文本来建双语语料库，如何实现二者的句子对齐？又如何实现段落对齐？因此，在语言对比研究里，以双语语料库的建库和使用来进行对比分析和翻译研究的相关研究一直未能得到足够关注。相比之下，拿源语（如汉语）的原创文本及其目的语（如英语）

翻译文本建构平行语料库，无论是从形式基础上（汉语中的一个句子翻译成为英语中的对应成分），还是从内容基础上（英语译文内容与汉语源文对等），实现两种文本之间的句级对齐、段落对齐等都是轻而易举的。

其次，詹姆斯（James，1980：175）曾断言，"严格意义上的翻译对等是进行对比分析的最好对比参项"，这句话也被学界奉为圭臬。在对比分析与翻译研究未发生融合之前，似乎没有构成冲突，但当对比分析与翻译研究在语料库语言学的"桥接"下融合之后，意味着平行语料库要同时服务于对比分析和翻译研究两项目标，这就造成了二者都用平行语料，而双语语料被弃之不用的失衡问题。

8.3.2 潜在的扭曲性结果

语料库驱动型基于对比分析的翻译研究所遇到的第二个主要问题关涉到对比分析中的源语－目的语语对原则，即对比分析是两种语言系统层面上的考察，若在对比分析中使用的是平行语料库数据，一则违反了对比分析原则（平行语料库数据是 ST-TT 文本对数据），二则不论翻译语料库有多大，由数据驱动得出的结论只能代表所对比的两种语言中的很小一部分。换言之，由平行语料库数据驱动得出的结论可能会由翻译过程造成"扭曲"（Granger，2003）。

翻译过程的扭曲性研究有两个典型案例。一个是格朗热和勒弗（Granger & Lefer，2013）有关英语和法语的短语对比分析。她们对英法双语词典里的熟语覆盖率与平行语料库使用之间的关系进行了分析。该名为"Label France (LF)"的语料库是个法英单向平行语料库，规模为 100 万词，由法语杂志文章翻译成英语构成。她们的研究显示，单语的和翻译的语料库数据有助于提升双语词典条目中词串（lexical bundle）的数量，提升翻译对等成分的数量及其精确性，也有助于提升举例的典型性和真实性。但同时她们如下的评论也令人惊讶：

第 8 章 对比分析与翻译研究

"有几处地方译者似乎没有意识到'ou encore'的意思，误译成了'or even, and even'以及'or again'。这些情况占据了翻译语料库数据的 27%，这一比例实在太大了。"

这表明在研究过程里不能毫不审视地依赖语料库数据，特别是平行语料库数据，因为有些时候翻译错得无可救药。

另一个案例来自拉巴丹和伊兹奎尔多（Rabadán & Izquierdo, 2013）的研究。他们依据语料库数据，分析英语中的词缀型否定式怎样翻译成西班牙语，这些翻译成分与西班牙语原文本中的对应成分在使用和分布上呈现出何种差异。他们使用名为"P-ACTRES"（Izquierdo et al., 2008；Rabadán & Izquierdo, 2013）的平行语料库和名为"CREA-2008"的单语语料库。P-ACTRES 语料库为所选否定条目的翻译行为提供经验信息，而 CREA 语料库为西班牙语中否定资源的实际分布提供经验信息，同时也对非翻译文本的西班牙语起到"控制语料库"（control corpus）作用。他们的研究也显示，翻译的和非翻译的用法在数据统计上差距显著。为了补救翻译数据造成的扭曲，他们试图通过在翻译文本中检索出十个最为常见的组合来进行数据控制。他们所有的验证类型都表明，与西班牙语原创文本相比，翻译用法偏离非翻译用法显著，要么是过度使用，要么是使用不足。

以上两个研究案例表明，将源语文本－目的语文本文本对的语料库数据用于语料库驱动型基于对比分析的翻译研究，容易造成研究结果上的扭曲性结论。而要防止此类情况发生，需要转换研究模式，这就是"语料库验证型基于对比分析的翻译研究"（corpus-tested CA-based translation studies, CT-CATS）。

8.3.3 割裂的逻辑关联

有些对比学者也强调双语语料库与平行语料库的平衡性结合（Granger et al., 2003；Johansson, 2003；尚新, 2014a；Molino, 2017），

但通过语料库驱动型的研究路径，对比分析和翻译研究两个分析过程分别导出的结果本质上是割裂的，二者的耦合是偶然的，不一致是必然的。以莫里诺（Molino, 2017）为例来作说明。

莫里诺（Molino, 2017）对英语和意大利语里的限定性报告句（finite reporting clause）的补语从句进行了对比研究，即英语里带有"that-clause"的报告句（如"the evidence shows that..."），其意大利语里的对应结构是"che-clause"。他使用双语语料库（英语原文本语料加上意大利语原文本语料）考察与上述两个补语从句的模式与相关因素，得出结论一（此处暂称为"R_1"）。然后，又使用平行语料库（英语原文本加上意大利语译文本）考察英语的"that-"补语从句怎样翻译成为意大利语补语从句，如此得出结论二（此处暂称为"R_2"）。最后，莫里诺把 R_1 与 R_2 并置在一处进行比较，以解释为什么两种语言中的补语从句相似却用法不同。

可以看到，莫里诺在试图平衡两种类型的语料库（B-corpora 和 P-corpora），是一次很好的尝试，但在方法论上将 R1 与 R2 并置比较是有缺陷的。因为 R_1 与 R_2 之间的关系并不是比较关系，而是对比分析与翻译研究之间的内在逻辑关系。那么，对比分析与翻译研究之间的内在逻辑关系又是什么呢？尚新（2023）认为，对比分析与翻译研究二者之间在逻辑上是蕴涵关系，即"若 P，则 Q"的关系，也就是说，对比分析与翻译研究之间存在着"蕴涵定律"（entailment law）。其中的道理在于，如果能从对比分析中得到两种语言之间的相关对应规律，就可以据此预测相应的翻译策略，从莫里诺的例子来说，R_1 与 R_2 之间是"if R_1, then R_2"。当然，莫里诺可以从平行语料库出发，考察意大利语译文中哪些情况下偏离了"if R_1, then R_2"的定律，并对其作出合理解释。但在语料库驱动型路径下，他也似乎只能作些比较分析，R_1 与 R_2 是分别由不同的语料库数据驱动得出的。

对比分析与翻译研究之间的逻辑关联可阐述如下：在对比分析程序里，研究者通过观察和归纳，就可以对源语与目的语之间的对应规律提出假设，即"对应规律假设"（C-rule），该对应规律假设一旦得到双语语料库数据的验证，便形成翻译研究的基础。研究者根据文本类型、文本时代、译者及受众等变量考量，就可以提出翻译策略假设。该翻译策略假设应接受来自平行语料库数据的验证。简言之，对比分析与翻译研究之间的逻辑关联内在地定义了一种方法论：以对比分析得出的对应规则（由双语语料库数据验证）为基础，提出翻译策略假设，该翻译策略假设由平行语料库数据加以验证，从而将对比分析程序与翻译研究程序整合在一个完整的"if C-rules, then T-strategies"逻辑蕴涵命题里。这一命题可表述为：

> **命题**：
> 若对比分析程序中提出的对应规则成立，那么翻译研究程序中所提出的翻译策略假设也成立，即 if C-rules, then T-strategies。

这样一来，双语语料库和平行语料库所提供的数据支撑不再是割裂的，而是共同为"若 P，则 Q"的复合命题成立提供支撑。这就解释了为什么莫里诺（Molino, 2017）要将 R_1 和 R_2 并置比较。语料库驱动型路径直接通过可比语料库和翻译语料库数据驱动得出非命题验证型结论（R_1、R_2），不需要"若 P，则 Q"这样的命题来关联对比分析与翻译研究。因此造成了莫氏研究中的失误。有关对比分析与翻译研究之间的逻辑蕴涵关系问题，将在下一章中详细论述。

上述问题的存在，主要原因在于学界未能充分认识到，一是"并栖关联"并非对比分析与翻译研究之间的内在逻辑关系，而只是一种表象；二是对比分析和翻译研究作为两个不同的分析过程，它们对语料库所介入的类型要求是不同的。下一章的讨论将表明，对比分析程序要求双语语料库的介入，而翻译研究程序要求平行语料库的介入。

8.4 本章小结

对比分析与翻译研究的融合始于 20 世纪 90 年代末期，语料库语言学在其中发挥了桥梁作用。对于这一融合，学界有"并栖关联"说，认为对比分析与翻译研究之间是选择性的结果。但这一说法并不符合对比分析与翻译研究之间的内在逻辑，从而导致基于对比分析的翻译研究在方法论上的失误。

  总体来看，语料库驱动型基于对比分析的翻译研究仅仅依赖于平行语料库数据来同时服务于对比分析和翻译研究两个环节过程。双语语料库因其建库难度大、可比性差而很少得到充分重视和使用，由此产生了该路径下的语料库平衡性问题。再者，在语料库驱动型路径下，平行语料库数据因各种因素的影响而发生对原文本数据的偏离，所得结论很容易发生扭曲，或者显著地偏离非翻译的原文语料库数据。尽管该路径下有些研究试图平衡双语语料库和平行语料库的使用［比如8.3.3小节里所谈到的莫里诺（Molino，2017）的相关研究］，但驱动型路径又无法满足和呈现对比分析与翻译研究之间的内在逻辑关联性，及二者之间存在的"若P，则Q"蕴涵关系。这就需要转换思路，根据对比分析与翻译研究之间的内在逻辑来重新设定基于对比分析的翻译研究新路径。

第 9 章
蕴涵关系与基于对比分析的翻译研究

9.1 引言

在就两种语言系统性对应而论翻译的维度上,对比分析与翻译研究之间存在着逻辑上的蕴涵关系(if P, then Q),该蕴涵关系是基于对比分析的翻译研究的逻辑基础。语言对比与翻译研究之间的蕴涵关系内在地要求基于对比分析的翻译研究从"语料库驱动"模式向"语料库验证"模式的转型,即"语料库验证型基于对比分析的翻译研究"路径。同时,本章也提出,在就语言对比而论翻译的维度上,基于对比分析的翻译研究虽然不能推导出语言规律之外的翻译策略,语体类别、作者风格、译者取向、赞助人意志以及权力操作等都是导致翻译策略千变万化的变量因素,但对比分析与翻译研究之间的蕴涵关系仍然成立。

9.2 对比分析蕴涵翻译研究

从学理上来看,对比分析是开展翻译研究的基础。处在对比关系里的是两种自然语言 L_1(如汉语)和 L_2(如英语),对比学者往往从一个对比参项(X)出发,观察该参项在 L_1 和 L_2 中分别是怎样表达的(如在 L_1 中表达为 A,而在 L_2 中表达为 B);或者考察 L_1 中的某范畴或元素(X,其体现为 A)在 L_2 中是如何表达的(实现为 B);进而确立 A 和 B 之间的对应关系。这类对应关系的发掘,初期(20世纪50至80年代)主要用来指导外语学习与教学实践,中期(20世纪90年代至21世纪初)主要用来指导译者培训和翻译实践;后期(20世纪90年代末至今)则是在语料库语言学的"桥接"下发生对比分析与翻译研究融合,双语语料库数据和平行语料库数据为基于对比分析的翻译研究提供实证基础。

9.2.1 对比蕴涵翻译的逻辑表达

对比分析得出的语言间对应规律与翻译研究之间的关系可转化为一个复合命题,即语言对比分析得出有关源语(L_1)和目的语(L_2)之间的对应规律若成立,则这些对应规律必然成为翻译策略研究的一部分(即由对应规律而提出的翻译策略假设也成立)。如此一来,对每一项对比分析的结果 x(若成立),x 都体现在翻译研究之中(含有 x 的翻译策略也成立)。这一关系用命题逻辑转写就是"若 P,则 Q"(if P, then Q/P→Q)的蕴涵关系。

> **蕴涵关系**(entailment relation):
> 设 P、Q 是两个命题,"若 P,则 Q"是一个关于 P、Q 的复合命题,记作 P→Q,读作 P 蕴涵 Q。"→"是二元运算,称为蕴涵运算;"P→Q"称为蕴涵式,其中 P 为蕴涵式的前件,Q 为蕴涵式的后件。

蕴涵式前件(P)与后件(Q)的真值与蕴涵式(P→Q)运算的真值表可如9-1所示:

表 9-1 蕴涵式真值表

类型	P	Q	P→Q
(a)	T	T	T
(b)	T	F	F
(c)	F	T	T
(d)	F	F	T

第 9 章　蕴涵关系与基于对比分析的翻译研究

表9-1里,"T"代表"真","F"代表"假"。类型（a）表示若前件和后件为真,则复合命题"P→Q"为真；类型（b）表示若前件为真后件为假,则复合命题"P→Q"为假；类型（c）表示若前件为假后件为真,则复合命题"P→Q"为真；类型（d）表示若前件为假后件也为假,则复合命题"P→Q"仍为真。例如：

(1) a. Here comes the guest / a guest.
　　b. 客人来了 / 来客人了。

例（1）表明,英语中名词的有定性可用定冠词来表达,如例（1a）"Here comes the guest / a guest."。而在汉语里,名词有定性的表达往往通过词序来表征,定指名词出现在谓语动词之前,无定名词出现在谓语动词之后,如例（1b）"客人来了 / 来客人了。"。因此,对比分析的结果是：英语里的定指往往使用定冠词,汉语里则往往使用名词前置于谓语动词的词序（P）。这一对比分析得出的对应规律可以形成如下翻译策略假设：英语中使用定冠词来定指的句子在汉译时处理为名词前置于谓语动词的句子（Q）。

再将例（1）的分析上升到两种语言系统的高度。通过语言对比分析,研究者可得出二者之间存在的某种对应关系。该对应关系可阐释为"在 L_1 里的一句话,在 L_2 里怎么说",在翻译活动中就是如何翻译的问题。这样的对应关系表述,可转写为逻辑表达中的复合命题"P→Q"表达式。若用 C 代表对比分析,用 T 代表翻译研究,x 代表对比分析得出的 L_1 与 L_2 之间的对应元素,则可用蕴涵式表达为：

蕴涵式（i）：
　　若 C（x）且 T（x）为真,则 C（x）→T（x）为真。

蕴涵式（i）表示,若对比分析中的对应规律 C（x）成立,且以该对应元素（x）形成的翻译策略命题 T（x）也成立,那么对比分析蕴涵翻译研究,即复合命题 C（x）→T（x）成立。在该蕴涵关系里,对比分析与翻译之间的关系被整合在一个完整的逻辑表达式（C（x）→T（x））里,是一种整体型关系,而非割裂型关系。比如,例（1）中的 x 显然是英汉语言中均有"定指"这一句法手段，因此，C（x）指"英语里的定指往往使用定冠词，汉语里则往往使用名词前置于谓语动词的词序"；T（x）指"英语中使用定冠词来定指的句子在汉译时处理为名词前置于谓语动词的句子"。在C（x）且T（x）为真时，则复合命题C（x）→T（x）为真。

蕴涵式（i）是在若前件C（x）且后件T（x）都为真的情形下对蕴涵关系的判断，直观地反映了对比分析是翻译研究的基础。那么在C（x）与T（x）不都为真的情况下，二者是否处在蕴涵关系之中呢？

  蕴涵式（ii）：
  若C（x）为真且T（x）为假，则复合命题C（x）→T（x）为假。

蕴涵式（ii）表示，若对比分析中的对应规律命题C（x）成立，但翻译策略命题T（x）经检验不成立，则复合命题C（x）→T（x）也不成立。比如，例（1）里的C（x）"英语里的定指往往使用定冠词，汉语里则使用名词前置于谓语动词的词序"检验为真，若T（x）为"英语中使用定冠词来定指的句子在汉译时处理为名词后置于谓语动词的句子"经检验为假，由于C（x）和T（x）矛盾对立，则复合命题C（x）→T（x）不成立。

蕴涵式（i）和（ii）是对前件C（x）为真的情况下，复合命题C（x）→T（x）是否为真的分析；当前件C（x）为假时，对比分析与翻译研究之间是否仍然符合蕴涵关系特征呢？

  蕴涵式（iii）：
  若C（x）为假且T（x）为真，则C（x）→T（x）为真。
  蕴涵式（iv）：
  若C（x）为假且T（x）为假，则C（x）→T（x）为真。

蕴涵式（iii）和（iv）表示，对比分析中的对应规律命题C（x）检验为假，无论翻译策略命题T（x）检验为真或为假，复合命题C（x）→T（x）都为真。实际上，这两类情形在实际的对比分析与翻译研究中也常见到，

第 9 章 蕴涵关系与基于对比分析的翻译研究

比如莎士比亚的著名戏剧《哈姆雷特》(Shakespeare. *Hamlet*. 56–60) 中一句独白的汉译现象：

(2) To be, or not to be, that is the *question*.
    a. 死后还是存在，还是不存在——这是问题。(梁实秋)
    b. 干，还是不干，这就是问题。(陈嘉)
    c. 生存还是毁灭，这是一个值得考虑的问题。(朱生豪)
    d. 活下去还是不活：这是问题。(卞之琳)
    e. 是生，还是死，问题就在这里。(陈国华)

例（2）中原文与译文（2abcd）之间隐含了一个命题 C(x)，即"英语定指使用定冠词，而汉语定指使用名词后置于谓语动词的词序"，该命题可验证为假；同时，原文与（2e）之间隐含了一个命题 C(x)，即"英语定指使用定冠词，而汉语定指使用名词前置于谓语动词的词序"，该命题可验证为真；当后件命题 T(x)，即"英语定指使用定冠词的句子汉译时处理为名词后置于谓语动词的句子"或"英语定指使用定冠词的句子汉译时处理为名词前置于谓语动词的句子"经语料库数据验证为假（2abcd）或验证为真（2e）时，前件 C(x) 和后件 T(x) 仍然符合蕴涵关系特征，即复合命题 C(x)→T(x) 仍然成立。实际上，例（2）中的五种译文都是广为流传的版本。

上文里反复论及前件命题和后件命题的真和假，那么，究竟如何判断它们何时为真又何时为假？这就涉及语料库语言学的介入问题，前件和后件命题均需经过语料库数据的验证，具体来说，前件命题要经过双语语料库数据的验证，而后件命题要经过平行译语料库数据的验证。这在 9.3.1 小节里再作讨论。

9.2.2 蕴涵关系具有单向性和概率性

威利（Whaley，2009：33）指出蕴涵关系具有单向性。就对比分析与翻译研究之间的关系来说，其单向性体现在对比分析是翻译研究的基础,是对比分析蕴涵翻译研究而不是相反,即对比分析的对应规律命题作前件命题具有必然性。同时,蕴涵关系引入的是一组可能性,即语言研究所得出的普遍规则总有例外,而非绝对规律,科姆瑞(Comrie, 1989/2009:17)对此早有论述,并指出这是语言学区别于自然科学的重要特征之一。

前文一再强调"两种语言系统对应的维度",是因为两种语言间的翻译问题实际上复杂得超乎想象。人们可在任何维度上来讨论翻译,如语体类别、作者风格、译者取向、赞助人意志以及权力操作等。学界对这些因素的考量和突显,使得由纯语言维度开展的相关研究被大大低估了,翻译产品也因这些因素的突显而与纯语言维度考量的结果大相径庭,甚至很难找到对比分析的影子(如蕴涵式 iii、iv 所示)。例如土耳其诗人斯叶珂(Qyazzirah Syeikh)所作诗歌《我害怕》(*I Am Afraid*)的汉译版本多达十余种,呈现出风格、体裁、时代等因素的考量,篇幅所限,此处列出四种,并引第一句译文以窥一斑:

表 9-2 时代与文体因素对译文的影响

You say that you love rain, but you open your umbrella when it rains. You say that you love the sun, but you find a shadow spot when the sun shines. You say that you love the wind, But you close your windows when wind blows. This is why I am afraid, You say that you love me too.	(1)普通版: 你说你喜欢雨, 但是下雨的时候你却撑开了伞。 (2)文艺版: 你说烟雨微茫,兰亭远望, 后来轻揽婆娑,深遮霓裳。 (3)离骚版: 君乐雨兮撑伞枝。 (4)诗经版: 子言慕雨,启伞避之。

表 9-2 显示,四个译本差别巨大,其中只有普通版是以现代汉语对应现代英语,而且是在纯语言系统对应维度上实现的译本,其余版本均为在此基础上的转换和演绎。普通版折射出对比分析蕴涵翻译研究的前提条件:同时代性(contemporaneity)、同文体性(style sameness)以及纯语言性(language as of itself)。如将这些前提条件引入蕴涵关系表达式,则蕴涵式(i-iv)可概括为蕴涵式(v):

第 9 章　蕴涵关系与基于对比分析的翻译研究

蕴涵式（v）：基于对比分析的翻译研究蕴涵关系表达式。

设语言 L_1 和语言 L_2 是两种自然语言，在 L_1 和 L_2 处在同时代（Temp）、同文体（Styl）、纯语言层面（Ling）的条件下：

若 C(x) 且 T(x)，即 $\forall x[C(x) \rightarrow T(x)]$，则有 C(x)→T(x)。

蕴涵式（v）表示，若对比分析中的任何一个对应规律命题 C(x) 成立，且以含有该对应元素（x）形成的翻译策略命题 T(x) 也成立，则对比分析蕴涵翻译研究（C(x)→T(x)）。这一蕴涵式可称为对比分析与翻译研究之间的"蕴涵定律"。

对比分析与翻译研究之间蕴涵关系的确立，使得语料库在对比分析与翻译研究中的作用清晰地呈现出来。对比分析与翻译之间的关系既然可转化为两个命题之间的关系，那么前件命题成立就是后件命题成立的充分条件。"成立"即"为真"需要加以验证，即"前件命题成立"和"后件命题成立"就转化成了对前后两个命题的真假进行验证的问题。具体来说，对比分析层面[C(x)部分]客观上需要双语语料库数据的支撑和验证，翻译研究层面[T(x)]客观上则需要平行语料库数据的支撑和验证。换言之，双语语料库和平行语料库所起的作用均是以验证理论假设为目标。这种研究路径可称为"语料库验证型基于对比分析的翻译研究"。

9.3　蕴涵关系与语料库验证

只有把对比分析与翻译研究之间的逻辑关系阐释为"若 P，则 Q"（更具体来讲是"若 C-规律，则 T-策略"）的时候，才能真正呈现对比分析与翻译之间的内在关系特征。双语语料库与平行语料库的实际作用在于分别用来验证 C-规律和 T-策略，使得复合命题"若 C-规律，则 T-策略"成立。正是对比分析与翻译研究之间的蕴涵关系，内在地要求基于对比分析的翻译研究从当前学界流行的"语料库驱动"模式转向"语料库验证"模式。

9.3.1 CT-CATS 五步实证循环法

对比分析与翻译之间的蕴涵关系是二者借助语料库语言学的"桥接"作用而发生融合的前提；也正是由于对比分析蕴涵翻译研究，才使得基于对比分析的翻译研究内在地要求实现 C(x) 命题与 T(x) 命题的整体性和一体化.即 C(x)→T(x)]，形成本研究提出的"语料库验证型基于对比分析的翻译研究"路径。

在研究性质上，CT-CATS 是一种实证科学研究路径。复合命题 C(x)→T(x) 的成立依赖于前件假设命题和后件假设命题的真假检验，这就需要不同类型语料库的数据对前件和后件命题分别加以验证，从而使基于对比分析的翻译研究呈现出典型的实证科学特征。具体而言，对比分析假设是否成立，需要双语语料库的数据加以验证；当对比分析假设得到验证后，对比分析假设转化为 L_1 与 L_2 之间的对应规律，该对应规律对翻译研究来说就形成新的翻译策略假设，翻译策略假设是否成立，则依赖于平行语料库数据加以验证，而提出并验证假设是实证科学研究的核心特征。

在语料库作用上，CT-CATS 路径中语料库功能将发生两大重要转变。在"语料库验证"型的对比分析与翻译研究里，双语语料库和平行语料库数据一方面要从驱动功能转变为验证功能，另一方面要从单纯依赖平行语料库转变为双语语料库和平行语料库的平衡使用。双语语料库数据是对比分析环节所需要的，而平行语料库数据是翻译研究环节所需要的，双语语料库和平行语料库各行其职，平衡使用。

在研究方法和程序上，CT-CATS 路径要求对比分析的基本概念（包括源语－目的语对、对比、对比参项、对应）得到充分运用；经典的对比分析"三步法"（描述→并置→比较）(James, 1980; Krzeszowski, 1990) 也得到基本遵循。具体而言，研究者首先要对所要对比的两种语言相关现象进行充分描写，搜集语言数据，将其并置，并基于对比参项进行对比分析，得出共性和差异；再对其中的对应作出归纳，据此提出对应规律假设（correspondence-rule hypothesis，Hc）；对应规律假设的验证需要来自源语－目的语对的双语语料库数据，若该对应规律假

第9章 蕴涵关系与基于对比分析的翻译研究

设被验证为假,表明"描述→并置→比较"操作程序的某个子环节没有得到充分科学的处理,需要启动对比分析操作程序的循环并重新提出对应规律假设(如 Hc_1, $Hc_2 \cdots Hc_n$),直至双语语料库数据验证了对应规律假设;对应规律假设(Hc)一旦得到验证,该假设就转化成翻译研究的充分条件,研究者据此提出翻译策略假设[translation-strategy hypothesis, Ht(如 Ht_1, $Ht_2 \cdots Ht_n$)],并通过平行语料库数据对翻译策略假设进行验证;如遇例外因素影响的情况(语体类别、作者风格、译者取向、文化伦理、赞助人意志以及权力操作等),则作出合理解释。如此一来,经典的对比分析"三步法"可拓展为"CT-CATS 五步实证循环法"($O_1 \rightarrow I_1 \rightarrow D_1 \rightarrow T_1 \rightarrow E_1$),如下表9-3 所示:

表9-3 语料库验证型基于对比分析的翻译研究程序

对比分析实证研究程序	翻译实证研究程序
[描写→并置→对比分析]O_1	[对应观察]$O_2 \rightarrow$
[对应归纳]$I_1 \rightarrow$	[对应关系归纳]$I_2 \rightarrow$
[对应规律假设]$D_1 \rightarrow$	[翻译策略假设]$D_2 \rightarrow$
[验证对应规律假设]$T_1 \rightarrow$	[验证翻译假设]$T_2 \rightarrow$
[例外评估与解释]E_1	[例外评估与释解]E_2

这一基于对比分析的翻译实证研究与实证科学的操作程序是完全吻合的。早在1938年,维克多·兰瓒(Victor F. Lenzen)在《实证科学的程序》(*Procedures of Empirical Science*)一书中指出:……在发展成熟的实证科学里,适用于一个既定话语域的理论呈现为假设-演绎系统的形式,科学的程序在于导出相关预测,这些预测又得到实验结果的检验。(Lenzen,1938/1955:3)

兰瓒认为,实证科学的程序包含了观察(observation)、假设(hypothesis)、演绎(deduction)、系统化(systematization)、预测(prediction)以及验证(testing)六个环节。在科学研究中,经典的实证循环(empirical cycle)是德·格鲁特(De Groot,1961:6)提出的,并得到海亭克(Heitink,1999:231)的继承并刻画如下:

[……] 遵循观察、归纳、演绎、验证和评估的全部实证循环。观察（O）是搜集实证数据并将其分类处理，意在形成假设；归纳（I）是实际上的形成假设；演绎（D）是从这些假设得出结论，其呈现的形式则是可检测的预测；验证（T）是对预测的证实；评估（E）是对理论的反馈，并对进一步的研究提出建议。

这一包含了观察、归纳、演绎、验证和评估五个步骤的实证循环模型可如图9-1所示：

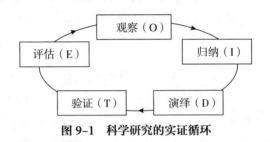

图 9-1　科学研究的实证循环

上述五个步骤的实证循环模型分别呈现在对比分析和翻译研究两个环节里，可描写如下：

程序 A—观察：

对比分析环节里的观察（O_1）包含了描写、并置与比较。对比学者基于某个对比参项，搜集语言数据，将其并置，带着形成假设的想法，观察源语与目的语之间的异同。翻译研究环节里的观察（O_2）则始于对比分析环节里的对应规则得到验证（T_1）之后，研究者对各项对应规则进行综合考察。

程序 B—归纳：

对比分析程序里的归纳（I_1）环节里，研究者基于观察程序中的发现，概括（猜测）源语与目的语之间的对应规则，并形成假设的实际表述。翻译研究程序里的归纳（I_2）环节里，研究者基于对各项对应规则进行综合考察的结果，形成翻译策略假设的实际表述。

第9章 蕴涵关系与基于对比分析的翻译研究

程序 C——演绎：

对比分析环节的演绎（D_1）是从对应规则假设推导出结论；翻译研究环节的演绎（D_2）则是从翻译策略假设推导出结论，经过验证的对应规则假设是翻译策略假设的基础。

程序 D——验证：

对比分析环节的验证（T_1）是运用双语语料库数据来检验对应规则假设；翻译研究环节的验证（T_2）是运用平行语料库来检验翻译策略假设。

程序 E——评估：

对比分析环节的评估（E_1）是考察得到验证的对应规则是否存在例外情形，并对例外进行解释，如有必要，则重新启动整个对比分析环节；翻译研究环节的评估（E_2）是考察已得到验证的翻译策略假设是否存在例外的情形，并对例外进行解释，如有必要，则重新启动整个翻译研究环节。

CT-CATS 的实证循环最为重要的特征包括：假设-验证路径，实证循环方法，双语语料库与平行语料库平衡使用，以及将对比分析与翻译研究融合在一个完整的复合命题里。在整个循环里，观察、归纳、演绎、验证和评估均在 CA 环节和 TS 环节形成完整的子循环。CT-CATS 与图 9-2 所示的实证循环模型的吻合性可刻画如下：

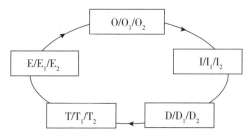

图 9-2　CT-CATS 与科学研究实证循环的吻合性

在表 9-3 和图 9-2 里，经典的对比分析"三步法"被合并在科学研究实证循环五步法的观察（O）程序里，其合理性在于，"三步法"的分析都发生在阶段性总结的"归纳"程序之前。不论是对应规律假设的验证，还是翻译策略假设的验证，语料库数据所发挥的作用都是确认性的，而非证明性的，因为所有这些类型的语料库数据都是局部的、受限的、片面的；验证环节所得的"真"或"假"（证实或证伪）仅是针对这些局部性、受限性以及片面性而言的。换言之，这种语料库验证模式得到的结论其实是概率性的。

以上的描述表明，CT-CATS 模式是一个双循环系统，对比分析和翻译研究都必须经历各自完整的实证子循环，两个子循环之间通过蕴涵关系的约束构成一个完整的研究过程。该双循环系统（dual cycle system，DSC）如图 9-3 所示：

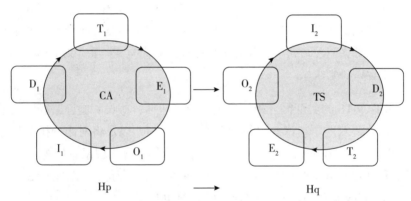

图 9-3 对比分析与翻译研究之间的"if P, then Q"蕴涵关系

在图 9-3 里，字母 O 代表 observation，I 代表 induction，D 代表 deduction，T 代表 testing，E 代表 evaluation；数字下标"1"代表 CA 子循环，下标"2"代表 TS 子循环；Hp 代表复合命题中的对比分析前件，Hq 代表复合命题中的翻译研究后件；箭头"→"表示两个子循环之间是蕴涵关系，即"若 P，则 Q"（$H_P \rightarrow H_Q$）。图 9-3 里的"实证双循环系统"可以具体描述为：

（1）对比分析子循环（CA sub-cycle）：

O_1：观察，包括对两种语言的相关现象进行描述，并将它们并置一处；

I_1：归纳，包括对并置的语言描写进行对比分析，找到对应成分并作归纳；

D_1：演绎，依据对应成分的归纳，提出两种语言之间的对应规律假设（H_P）；

T_1：验证，运用平行语料库数据检验对应规律假设；

E_1：评估，评估验证结果中的概率值，如可疑，则重复该循环。

（2）翻译研究子循环（TS sub-cycle）：

O_2：观察，以 E_1 步骤中对 H_P 检验结果的概率值为观察点；

I_2：归纳，以 E_1 步骤中对 H_P 检验结果的概率值归纳相应翻译策略；

D_2：演绎，依据归纳的翻译策略，提出由源语到目的语的翻译策略假设（H_Q）；

T_2：验证，运用翻译语料库数据验证翻译策略假设（H_Q）；

E_2：评估，对翻译策略假设验证中概率值进行评估，如可疑，则重复该循环。

对比分析实证子循环与翻译研究实证子循环都有其自身完整的循环程序，同时二者之间的关联体现在对比分析环节是翻译研究环节的前提条件，即"若P，则Q"（$H_P \rightarrow H_Q$）。

9.3.2 CT-CATS 的实证研究路径

尚新（2022，2023）提出了基于对比分析的翻译实证研究理论框架和方法路径（CT-CATS）。CT-CATS 实证路径的提出，并不排除其他路径的翻译研究实证探索。比如，在苏特尔等（Sutter et al., 2017）编辑的《实证翻译研究：新方法与理论传统》（*Empirical Translation Studies: New Methodological and Theoretical Traditions*）一书里，9 篇文章全部是翻译研究的实证探索。但这些文章主要聚焦于语言外部因素的探讨，包括翻译软件、译者经历、时间压力、编辑控制程度以及出版社政策等，考察这些外部因素如何影响翻译中的语言行为，并与非翻译文本（如源语文本）进行比较。在诸如此类的实证研究里，对比分析与翻译研究之间的内在逻辑关系问题并未被触及和揭示。

这里举一例来说明，由埃夫特和纽曼（Evert & Neumann, 2017）合作的一篇文章题为"翻译方向对翻译文本特征的影响：英德语多变量分析"。文章运用前沿的多变量分析方法，探讨英语和德语的原文与译文之间的异同。基于英语和德语原文的平行语料库（parallel corpora, 本书中称为"双语语料库"，和英德语双向平行语料库（T-corpus），文章讨论了依据翻译方向及相关变量的不同，译文相较于原文发生的变化。研究过程里他们运用了一系列多变量技术如主成分分析、线性判别式分析（linear discriminant analysis）以及支持向量机（support vector machines）等来考察翻译方向对翻译特征的影响。其结论是语言的声望越不显著，越倾向于容忍外部因素对翻译的干扰。

翻译方向造成的译文差异来源于语言的外部因素干扰，如政治权力、经济实力以及文化优势等。这些实证研究距离对比分析与翻译研究之间的内在逻辑关联还比较远。而依据我们的考察，对比分析与翻译研究之间在本质上受蕴涵定律的约束。这也表明，CT-CATS 作为一种实证科学的研究路径，与如上例所谈的实证研究路径是互补的，但同时它显然也是为弥补上述研究的不足而提出的新型研究路径。

9.4　本章小结

对比分析与翻译研究在语料库语言学的"桥接"作用下发生融合，"并栖关联"说仅是反映了对比分析与翻译研究之间关系的表象。对比分析与翻译研究之间在其实质上是逻辑上的蕴涵关系（if P, then Q）。这一蕴涵关系体现为对比分析所得到的两种语言之间的对应规律作为复合命题的前件，由对应规律而得到的翻译策略命题作为复合命题的后件，而前件命题蕴涵后件命题。

蕴涵关系使对比分析与翻译研究形成一个研究的整体，同时前件命题和后件命题的真假检验客观要求基于对比分析的翻译研究成为实证科

第9章 蕴涵关系与基于对比分析的翻译研究

学的一部分，形成了本书所提出的"语料库验证型基于对比分析的翻译研究"新路径。

在就语言对比而论翻译的维度上，基于对比分析的翻译研究虽然不能推导出语言规律之外的翻译策略，语体类别、作者风格、译者取向、赞助人意志以及权力操作等都是导致翻译策略千变万化的变量因素，但对比分析与翻译研究之间的蕴涵关系仍然成立。

CT-CATS 研究路径最初在尚新（2014a）出版的《英汉时体类型与翻译策略》这一著作中得到体现，后又在尚新（2022，2023）逐渐丰富完善，提出了一套完整的基于对比分析的翻译实证研究的操作程序。尚新（2014a）自建了英汉原文语料构成的双语语料库，汉语语料来自钱钟书（1910—1998）所著《围城》，英语语料来自美国作家海明威（Ernest Hemingway，1899—1961）所著《永别了，武器》。两部著作在时代背景、主题、语言简洁性以及文本量上比较相似。平行语料库则由《围城》的原文与英语译文、《永别了，武器》的原文及其汉语译文建构而来。尚新（2014a）先是对英汉两种语言中的时体系统进行了对比分析，将汉语定义为体态突显语言，缺少时态，而英语是时态突显语言，辅以体态；再基于这一类型学差异和句子时间语义值，归纳英汉语时体匹配规则；然后从两种语言系统的层面上作出对应规则假设（C-rules）；接下来运用双语语料库数据验证对应规则假设。在翻译研究环节，得到验证的对应规则经过综合归纳，形成翻译策略假设的基础，翻译策略假设提出以后再运用平行语料库数据进行验证，并查找例外进行评估。即便是对应规则假设和翻译策略假设分别得到了双语语料库和平行语料库的证实，还是要对例外的出现给予恰当的描述和阐释。研究发现，导致例外出现的因素往往是语言外部的（比如译者的经历等）。如若例外得不到合理的解释，则应重新启动整个循环。尚新（2015，2022，2023）通过探讨将英语时态翻译成汉语的翻译策略问题，进一步完善了 CT-CATS 的理论框架和方法论路径，这在本书中的下一章中进一步阐述。

第10章
CT-CATS 实证研究例析

10.1 引言

当前的译学研究领域里,从语言层面着手的翻译研究视之甚少,"[……] 对翻译本体的'偏离'似乎大有愈演愈烈的趋势,由此而来的问题是,译学研究在经过了若干范式转换后,似乎又面临学科身份合法性的挑战。如何在扩展学科领域时突出学科本体,是值得关注的问题"(孙艺风,2010:5)。基于对比分析的翻译研究正是关注翻译学科身份合法性的研究路径,它是一种语言学路向的翻译实证研究路径,是基于实证科学的研究路径。

第8章和第9章分别围绕基于对比分析的翻译实证研究的理论问题和操作路径进行阐述,本章将以笔者多年来耕耘的时体范畴问题为案例,展示 CT-CATS 的研究方法和操作程序,对上两章基于逻辑分析的理论框架和方法论进行具体案例展示。

由于语言中的时体问题非常抽象复杂,其翻译问题不仅是人工翻译的难点,更是智能技术(比如谷歌翻译、百度翻译甚至是 ChatGPT 或将来的什么人工智能技术)翻译的难点,特别是在两种时体类型存在巨大差异的语言之间(如汉语和英语),智能技术还不能够很好地处理语境中隐含的时间概念,因此误译、错译在智能技术翻译中频频发生。

在运用基于对比分析的翻译实证研究路径来探讨时体范畴的翻

译问题上，尚新（2014a，2015）已有这方面的初步探索，但五步实证循环程序在前期的研究里执行得不够彻底，特别是对比分析子循环的"对应规律假设"、双语语料库的验证以及评估环节缺失问题比较突出。在本书的讨论里，我们在上述研究的基础上进一步完善，以完成"对比分析"子循环和"翻译研究"子循环为宗旨，以验证本书提出的"语料库验证型基于对比分析的翻译研究"实证研究路径的有效性。

由于时体范畴涉及的范围较为广泛，我们将以英语事态句中的现在时态句翻译为例，以句子的时间语义值描写为基础，以时间语义值对等为原则，从语言层面探悉英语现在时事态句的汉译策略问题，并以语料库数据验证所推导的翻译策略来阐述本书倡导的"五步实证循环"的应用程序、方法与步骤。这样的尝试性研究可为智能翻译技术提供相关思路和借鉴。

10.2　汉英事态句对比分析的时间语义基础

本书在"形而下篇"中主张，将语言对比研究用于翻译研究的最佳途径可能是：关于某个对比参项，对甲语言的研究得出一组语义特征，然后看乙语言是以怎样的形式实现这些语义特征的，进而推导出相应的翻译策略。就英汉语言的时体比较研究来说，其对比参项就是：事态句（包含一个谓语动词的句子）所表征的与时间概念相关的语义特征，包括持续性、完整性、动态性（进行性）、点时性、短暂性等。我们把由事态句所表征的与时间概念相关的语义特征定义为"时间语义特征"（temporal semantic feature），而由某一组时间语义特征构成的事态句时间语义特征，称为该事态句的"时间语义值"（temporal semantic value）（尚新，2014a：114–115）。

从翻译角度看，时间语义值是考察两种语言的事态句变换不同表达方式的着眼点和落脚点，可称为"语义翻译原则"（principle of semantic translation）。"语义翻译"是翻译理论家纽马克（Peter Newmark）提出

第10章　CT-CATS实证研究例析

的两种翻译模式之一（语义翻译和交际翻译）[1]。在纽马克看来，语义翻译试图在目的语句法和语义的限制内，再现原作者的准确语境意义；而交际翻译旨在使译文对译语读者产生的效果尽量等同于原文对源语读者产生的效果。语义翻译是个客观过程，主要关注传送者（transmitter），重视的是原文的形式和原作者的原意，而不是目的语语境及其表达方式；交际翻译是个主观性过程，主要关注接收者（receptor），译者试图以自己的语言写出超越原文的文本，对原文文本中的晦涩、重复、歧义甚至是个人口头语等加以改造和完善，这是语义翻译所不允许的（Newmark, 2001）。

纽马克的语义翻译原则与本书通过考察英汉语言的时间语义值并由此推导翻译策略义理相通、方法相合。一方面，要将一种语言（如英语）的时体所蕴涵的语义特征翻译到另一语言（如汉语）里去，就要考察该时间语义特征在目的语中如何得到准确表征。另一方面，由两种语言的时体类型学特征差异而推导出的翻译策略具有客观性，为了准确再现甲语言（如英语）中的时间语义值，根据乙语言（如汉语）的错位性对应推导出目的语的表征方式，推导过程具有客观科学的依据，而非主观地对原文进行超越和改造。

语义翻译原则可在不同的语言单位层次上进行，包括词汇层、短语层、句法层以及语篇层。对句法结构层来说，可依据不同的事态类型将甲语言中的句子分成不同类型（事态句），考察每类事态句的时间句法结构特征及时间语义值；然后考察乙语言如何把该时间语义值表征出来。本章正是基于尚新（2014a，2015，2022，2023）的前期研究基础，在句法结构层次上来考察英汉时体类型对比的"形而下"即翻译策略的推导问题。

---

[1] 纽马克定义了交际翻译和语义翻译：Communicative translation attempts to produce on its readers an effect as close as possible to that obtained on the readers of the original. Semantic translation attempts to render, as closely as the semantic and syntactic structures of the second language allow, the exact contextual meaning of the original. (Newmark, 2001: 39)

10.3　基于对比分析的事态句翻译实证研究

第 5 章论述了汉英两种语言在时体范畴上有着不同的语言类型学特征，汉语突显体态，英语突显时态，在这一总的类型学差异下，我们也讨论了事态句的类型及其时间语义特征，而正是时间语义特征成为对比分析的对比参项。

10.3.1　时间语义等值的翻译策略推导及验证

汉英语言为了表征相等的时间语义值，分别需要运用体范畴和时范畴的不同语法手段，最终实现为不同的句法结构方式。我们把两种语言有着共同时间语义值但句法表达结构或方式不同的现象称为"错位性对应"（offset mapping）。"错位性对应"概念非常重要，这是对比分析环节产生的一个必然结果，也是翻译研究环节进行翻译策略推导的起点。当然，"错位性对应"也是对比分析环节的理想状态，两种语言之间绝对的时间语义等值似乎很难真正实现，从"形而上"的视角来看，不同语言呈现出不同语言民族对同一事态的认知和观察方式往往不同，比如汉语民族"物""事"合一，英语民族"物""事"分立；汉语民族以动态来感知事态的时候，英语民族则有可能感知的是该事态的静态特征。这些差异只能被理解，但难以调和。

在讨论过程中，先分析源语（英语）现在时事态句的时间语义特征和时间句法特征，并以语义素元（semantic primitive）特征加以形式化表征，作为时间语义值参项；然后依据目的语（汉语）的时体类型学特征以及实现相同时间语义值的可选表达手段，推导出翻译策略。具体程序将运用第 9 章中提出的"CT-CATS 五步实证循环"方法。在整个循环里，观察、归纳、演绎、验证和评估均在对比分析环节和翻译研究环节形成完整的子循环。最为核心的特征包括：假设－验证，实证循环，双语语料库与平行语料库的平衡使用。这一实证循环程序在本书 9.3.1 小节作了详细讨论，此处重复 CT-CATS 双循环，具体见表 9–3 所示。

第 10 章　CT-CATS 实证研究例析

具体到汉英事态句的对比分析与翻译研究来说，需要按照对比分析子循环和翻译研究子循环来分别依照实证循环步骤实施：

（1）对比分析子循环（$O_1 \to I_1 \to D_1 \to T_1 \to E_1$）：

O_1：[描写→并置→对比分析]

以语言类型学为视野，描写源语事态句的时间句法特征和时间语义值，在不同时态、体态的制约下分析事态句的基础式及其时间语义特征，如持续性、完整性、动态性（进行性）、点时性[1]、短暂性等。辨析事态类型与时态、语法体之间的相互制约关系，这些制约关系对句法面貌产生何种影响，如点时状语（表征时间点，用 AT NP 标示）、限时状语（表征有限时间段，用 IN NP 标示）、延时状语（表征持续时间段，用 FOR NP 标示）以及频率状语（表征事件频率，用 FRE NP 标示）的介入限制性特征等。以时间语义特征和时间句法特征为基础，描写目的语中相同时间语义特征事态句表征的时间句法特征。

I_1：[对应归纳]

该步骤为错位性对应方式分析，考察目的语以何种事态句结构和类型来实现源语事态句的相同时间语义值，并在有限的数据范围内进行归纳，为发现源语与目的语之间的事态句对应规律作好铺垫。

D_1：[对应规律假设]

基于上一步所归纳出来的对应规律，形成从源语言事态句到目的语事态句的对应规律假设。

T_1：[验证对应规律假设]

运用自建的双语语料库数据，对上一步 D_1 中提出的对应规律假设进行验证。若对应规律假设不能通过验证，则重启观察、归纳、演绎程序。

E_1：[评估与例外解释]

两种语言之间的对应规律假设通过验证，并非是指数据相对于假设的百分之百吻合率，而是高比率验证通过（比如 90% 以上），并且

1　点时性（temporal pointness）是指事态发生于一个具体的时间点，在时间句法特征上，往往体现为表时间点的状语来加以修饰（AT NP），如 "John came back at 11: 30 last night."。

允许一定的例外，但例外必须得到解释，比如民族世界观、文体、语体因素、源语作者和目的语作者的个性特征因素所造成的影响。

（2）**翻译研究子循环**（$O_2 \rightarrow I_2 \rightarrow D_2 \rightarrow T_2 \rightarrow E_2$）：

O_2：[对应观察]

以对比分析子环节通过验证的对应规律作为观察和描写的对象，分析其对两种语言间的翻译具有的导向作用。

I_2：[对应关系归纳]

将同类型对应规律进行辨析、梳理和归纳，为下一步进行翻译策略的推导做好铺垫。

D_2：[翻译策略假设]

以上一步的错位性对应规律为基础，推导出翻译策略，并以特定形式化表达式呈现出来。

T_2：[验证翻译假设]

运用自建平行语料库，对推导出的翻译策略进行验证，并得出某项翻译策略的概率。若某项翻译策略在语料验证中大概率达标（如90%以上概率），则可以认定假设成立。

E_2：[例外评估与释解]

针对某项翻译策略，找出其在相应语料库中的例外现象，并评估和分析这些例外因素对该翻译策略所造成的影响。

在本研究里，语料库的使用同时遵循"释于语料库"的方法（Tummers et al., 2005），即把语料库作为例证来源，用以阐释研究者的立场和观点。具体来说，研究者预先假设、推测某种立场和观点，再从语料库数据分析中得到验证，即统计数据和语言实例都用来检测假设是否成立。这一种分析方法不仅是定量的，而且是定性的。

语料建构所选取的文本，要能够满足研究问题所涉及语言现象或语言结构的充分性要求。就本研究而言，时体研究涉及事件表达，而事件表达最为典型的体裁是叙事小说。因而，我们将语料取材范围定位在现代汉英语言的叙事小说上，英语源语文本选取 *A Farewell to Arms*（E. M. Hemingway 著，1929），译语文本就是《永别了，武器》（林疑今译）；

第 10 章 CT-CATS 实证研究例析

汉语源语文本选取《围城》（钱钟书著，1947），译语文本是 *Fortress Besieged*（Kelly & Mao 译）。源语文本 *A Farewell to Arms* 与《围城》构成双语语料库，而 *A Farewell to Arms* 与译文文本《永别了，武器》构成平行语料库。语料的处理（导出、标注、检索、统计）采用"雪人计算机辅助翻译软件 v1.25 版"。

10.3.2 英语的时体类别及事态分类

语言中的时间语义特征往往可以用一组语义特征来加以描写，并把时态和体态都涵盖于其中。若以 [± 进行] 和 [± 完成] 为两组参数变化值，那么英语的时体类别可以如表 10-1 所示：

表 10-1 英语时体参数及时体类别

序号	参数变化	时体类别
i	[− 进行，− 完成]	时态
ii	[− 进行，+ 完成]	完成体
iii	[+ 进行，− 完成]	进行体
iv	[+ 进行，+ 完成]	完成进行体

其中，第 i 类是时态范畴，主要包括过去时态和现在时态。第 ii 至 iv 类比较明确，分别是完成体、进行体和完成进行体。本研究主要对 [− 进行，− 完成] 特征定义下的英语现在时事态句进行讨论。依据万德勒（Vendler, 1957），事态类型主要包括状态、过程、渐成和瞬成四类。四类事态的基本语义特征和实例可如表 10-2 所示：

表 10-2 英语事态类型及其内在时间特征

事态类型	事态的内在时间特征	举例
状态	[− 动态，+ 持续，− 完整]	love / be shy / be a teacher
过程	[+ 动态，+ 持续，− 完整]	run / think / push a cart
渐成	[+ 动态，+ 持续，+ 完整]	run a mile / roll a log into the river
瞬成	[+ 动态，− 持续，+ 完整]	die / fall / begin

上述不同事态类型可在现在时形态下形成相应类型的事态句。以下将分别考察英语中的现在时事态句的时间语义值和时间句法特征，推导出汉译策略，并以语料库数据验证翻译策略的有效性。

10.4　英语现在时事态句及其汉译策略

广义来看，除了现在一般式结构外，英语现在时态句应包括所有现在时态的结构形式，如现在进行体结构、现在完成体结构、现在完成进行体结构等。

10.4.1　现在时态的基本特征

本研究里的"现在时态句"特指现在一般式结构的句子。英语现在时态的基础形式是：V（-es）（[－进行，－完成]），其基本语义特征是事态在包含说话时间点的现在时域内发生。可如图 10-1 所示：

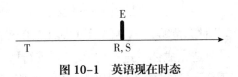

图 10-1　英语现在时态

图 10-1 里，E 表事态，T 表时轴。R，S 表参照时间点（R）与说话时间点（S）是重合的，E 在包含说话时间点（S）的现在时域内发生或进展。除了第三人称单数的后缀 -(e)s 之外，英语现在时态句在形态上往往是无标记的，其原型语法意义是指事态发生在现在时域，用事态（E）、参照时间（R）和说话时间（S）之间的关系描述就是：E，R，S。根据夸克（Quirk，1976：41-42）的论述，现在时态在时间概念上具有三项特征，即无时性（timelessness）、有限性（limitedness）以及短暂性（instantaneousness）。由无时性和短暂性两项特征，可推测现在时态的句子不接受延时状语（FOR NP）的介入，这种制约来自现在时态所属时域范围。

10.4.2 现在时状态句及其汉译策略

以下将从现在时状态句的基础式及其语义特征、时间句法结构特征以及句子的时间语义值三个主要方面考察英语现在时状态句与汉语的对应表达问题，并据此推导相应的翻译策略。

1. 基础式及其语义特征

在现在时形态下，英语状态类事态句基础式为：V（-es），其基本语义特征是某种状态在参照时间点（R，S）得到保持，即现在时间存在的状态（Biber et al., 1999: 453）。例如：

（1）a. I [want a packet of crisps].
    我（现在）[想要一盒薯片]。
  b. Economists [fear interest rate rise].
    经济学家们（现在）[担心利率上升]。

状态既可短暂，也可恒久，需适当语境来标定。在例（1ab）里，心理动词 want/fear 后虽带特定量名词短语（specified NP，记作 NPspec，表限定数量或时量，如例（1a）中的 a packet of crisps），但对其后论元没有时间结构上的约束力，其内论元成分不参与建构事态的内在时间结构，句子保持 [+ 持续，- 完整] 特征。

状态类事态也包括系动词（copula verb）带名词短语或形容词短语的情况。系表结构的现在时态句，其谓语部分往往包含形容词短语或名词短语，它们也不参与建构事态的内在时间结构，即使名词短语是特定量成分，整个句子的时间语义特征仍是 [+ 持续，- 完整]。例如：

（2）a. "The brandy [is good]," he said.
    "白兰地 [是好的]，"他说。
  b. [Is it a long way]?
    [还远吗？]

在例（2a–2b）里，事态 [is good] 和 [is a long way] 均为状态类，其基础时间语义特征是 [–动态，+持续，–完整]。

2. 现在时状态句的时间句法特征

在现在时态下，点时状语介入英语状态类事态句，需要与时态定义的时域范围相吻合，即包含说话时刻在内的、可视作"现在"的时间成分，如 now、today、this week、these days 等。例如：

（3）a. "I'[m asleep] right now."
"我现在就 [睡着了] 啊。"
b. "I [want it] now," Catherine said.
"我现在 [要了]，"凯瑟琳说。

类似 [now] 的点时状语，其主要功能是表征事态在现在时域内的任意时间点上处于某种状态。汉语没有时态范畴，词汇性点时状语（如"现在""本月""今年"等）承载了由英语时态、点时状语所表征的时间特征。

状态类事态具有 [–动态，+持续，–完整] 的基础时间语义特征，这一内在语义特征不允准限时状语（IN NP），但是允准延时状语（FOR NP）。但现在时态的语法功能又表征一种"短暂性"特征，从而排斥延时状语。事态类型和语法范畴之间的允准冲突，使得限时和延时状语都不能介入英语现在时状态句。例如：

（4）a. *Economists [fear interest rate rise] in/for 3 months.
*经济学家们在三个月内 [担心利率上升]。
*经济学家们三个月 [担心利率上升]。
b. *Mary [is happy] in / for three days.
*玛丽在三天内 [感觉愉快]。
*玛丽 [感觉愉快] 三天。

例（4a–4b）表明，时态具有独立于事态类型的句法制约功能。在现在时状态句里，时态限制了延时状语（FOR NP）的介入。状态类事态的静态特征、非完整特征以及现在时态的暂时性特征，都定义了该类事态的不可重复性，因而排斥频率状语（FRE NP）的介入。例如：

(5) a. *Economists [fear interest rate rise] three times a week.
　　＊经济学家们每周三次 [担心利率上升]。
　　b. *Mary [is happy] regularly.
　　＊玛丽定期地 [感觉愉快]。

在例（5a–5b）里，频率状语 three times a week（每周三次）、regularly（定期地）在时间语义上与状态类事态 [fear]、[be happy] 的延续性特征构成冲突，介入后句子不再合法。

3. 英语现在时状态句的时间语义值及其汉译策略

依据上文讨论，英语现在时态的语法意义可表征为 [+ 短暂] ∨ [+ 无时]，而状态类事态基础时间语义特征可表征为 [- 动态, + 持续, - 完整]。这样，英语现在时状态句的时间语义值可表征为：[- 动态, + 持续, - 完整] ∧（[+ 短暂] ∨ [+ 泛时]）[1]。

汉语没有时态范畴而是有体范畴，其对应英语现在时状态句时间语义值的表达方式，依赖事态类型、体标记以及时间状语的匹配组合。以例（1ab）中的两句英文为例并重新标记为例（6）：

(6) a. I [want a packet of crisps].
　　我（现在）[想要一盒薯片]。
　　b. Economists [fear interest rate rise].
　　经济学家们（现在）[担心利率上升]。

例（6a–6b）两句英文的对应汉语句子分别运用了事态类型 [想要]、[担心] 加上由语境确定的潜在时间状语"现在"形成对应。我们用状态类

1　逻辑运算符"∧"表征逻辑并联关系"且"；"∨"表征逻辑选择关系"或"。下同。

动词表征相同事态，用点时状语（词汇手段）对应英语现在时域概念，可表征为：

    C-Rule 1：
    E: Vs（-es）+（AT NP）≌ C: Vs +（AT NP）
    （E 代表英语，Vs 代表状态类动词，AT NP 代表点时状语，C 代表汉语，"( )"代表成分的可选择性，"≌"代表"对应"。下同）

对应规律验证环节（T_1）：现在，我们需要在双语语料库中对英语现在时事态 [want]（想要）和 [fear]（担心）进行双语语料数据的检索和验证。利用检索软件，在源语（英语）语料库中分别检索"want"（想要）和"fear"（担心）词项，再在目的语（汉语）语料库分别检索"想要"（或能用"想要"来替换的"要"）和"担心"，对所检索到的含有上述状态动词的英汉语句子进行对比，从时间语义上检验其对应程度，结果发现[1]：

英语原文故事的讲述使用的是第一人称现在时刻视角，因此，现在时态的使用有两种情形：一是故事讲述者说话时刻事态所处的状态，可称为"直陈式"，如例（7）；二是故事讲述者引述故事中人物正在讲话的情况，可称为"直引式"，如例（8）：

（7）a. Yes. If he wants her to.
      b. He does if he wants to.

（8）a. The Japanese want Hawaii.
      b. I don't want to do anything more to you.

从例（7）和例（8）可以看出，动词 want 在语法结构和语义特征上并不因为"直陈式"或"直引式"的不同而不同，可以合并处理，共计检索到 175 例。want 既可以后接名词短语（NP），也可以后接不定式动词短语（to V）。在语义表达上，既可以表达说话者想要的"物"，也可以表达说话者想要的"事"。在时间语义特征上，事态 [want] 表征现在

---

1 为方便读者查阅，该双语语料库里有关"want""fear""想要 / 要""担心"的检索结果列为附表 1 和附表 2。

第10章　CT-CATS实证研究例析

时状态句的一般特征,即 [– 动态, + 持续, – 完整] ∧ ([+ 短暂] ∨ [+ 泛时])。

汉语里没有时态标记。在汉语原文语料库（《围城》）里,作者叙述的视角定位在过去,但故事中人物的说话是一个明确的说话时刻判定依据,往往用双引号标定出来,本研究里标记为"直引式"一类。只有在故事中人物的"直引"话语中才能判定为当下（现在）,若不以这个背景作为参照,则所检索到的 12 个有关"想要/要"的句子（参见本书附表2）很难判断是否发生的具体时间。因此,在汉语里语境和是否"直引式"是判定事态所在时间区域的关键依据,而不能像英语那样直接从现在时、过去时的语法标记来判断。当"想要/要"出现在"直引式"句子中时,可以确定是表征 [– 动态, + 持续, – 完整] ∧ ([+ 短暂] ∨ [+ 泛时]) 时间语义特征的句子。例如：

（9）a. 我不要什么。
　　　b. 人家可怜你,你不要饭碗,饭碗不会发霉。
（10）a. 女人不必学政治,而现在的政治家要成功,都得学女人。
　　　b. 我要吃棒冰。

在例（9）和例（10）里,"想要/要"所表达的句法结构和语义特征与例（7）和例（8）里的 want 相同。如状态句"我要吃棒冰"和"政治家要成功"一类,"想要/要"后跟的是动词短语（VP）,与"我不要什么""你不要饭碗"中"要"后接名词短语（NP）在时间语义上表征的是事态句的当下或泛时性特征。"女人不必学政治,而现在的政治家要成功,都得学女人"表征 [– 动态, + 持续, – 完整] ∧ [+ 泛时] 的时间语义特征,而"我不要什么"表征 [– 动态, + 持续, – 完整] ∧ [+ 短暂] 的时间语义特征。这类句子符合上文所描写的 Vs+（AT NP）时间句法特征。

从统计数据来看,英语原文语料库共计检测到 [want] 事态句 181 例,其中非现在时句子 6 句,扣除此部分,剩余 175 例,均符合现在时状态句的时间语义和时间句法特征。汉语原文语料库共计检测到 [想要/要] 事态句 12 例,扣除"非直引式"的句子 4 例,剩余 8 例,均

181

符合"想要/要"表征对应语料库中 want 的时间语义特征。

因此,对应规律 C-Rule 1 得到证实,即 E: Vs(-es)+(AT NP)≅ C: Vs+(AT NP)在既定双语语料库中得到证实。基于此,可推导如下两类翻译策略:

策略 I:静态特征对等翻译策略

英语现在时状态句翻译为汉语状态句。汉语的状态类事态具有静态特征([–动态]),可体现为两种结构表达方式:[1] 无标记的状态类事态,即 Vs + AT NP;[2] 接续体"了"标记的状态类事态,"了"具有表征状态变化得到保持的运算功能;[3] 持续体"着"标记的状态类事态。

[1] 无标记状态句

英语现在时状态句的基本形式为 Vs(-es)+ AT NP。汉译时可用状态类动词表征相同事态,用点时状语(词汇手段)对应英语现在时域概念,可表征为:E: Vs(-es)+(AT NP)→ C: Vs +(AT NP)。(E 代表英语,Vs 代表状态类动词,AT NP 代表点时状语,C 代表汉语,"( )"代表成分的可选择性,"→"代表"转换为"。下同)。例如:

(11) a. [It's some thirty kilometres] from here.
离这儿 [有三十来千米]。
b. Isn't it a grand country? I [love the way it feels] under my shoes.
这不是个非常好的国家吗?我脚底下踩的泥土都 [给我快感]。

例(11a–11b)中的原文用现在时表征现在时域概念,对应的汉语译文则通过上下文语境体现时域概念。有时汉语译文以点时状语的介入来对应英语时态的时域概念。例如:

(12) "Yes, it['s quiet]," the major said.
"是的,现在 [安静] 了,"少校说。

例(12)中的汉语译文以点时状语 [现在] 表征现在时域概念。在语料库里,英语现在时态的状态句共计 2 118 例次,汉译中采用 Vs + AT NP 结构方式来对应的共计 1 795 例次,概率为 84.7%。可见其在实际

第 10 章　CT-CATS 实证研究例析

翻译行为中占绝对优势。

[2]"了"标记的状态句

英语有一类 BE + ADJ 结构状态句，在现在时态下，该结构表征说话时刻主体所处状态。其中的 BE 可为其他系动词，如 get/seem 等。由于汉语的接续体标记具有表征事态变化后的状态保持运算功能，因此，汉译中可用"了"介入状态句对应英语的 BE + ADJ 状态句。可表征为：E：Vs（-es）+（AT NP）→ C：Vs + 了 +（AT NP）。例如：

（13）a. "He's been under a strain and he'[s tired]," the major said to me.

"他工作过分紧张，人太 [累了]，"少校对我说。

b. I [get pretty groggy].

我 [相当糊涂了]。

在语料库里，英语 BE + ADJ 结构共计用例为 387 例次，汉译为"Vs + 了"结构的为 213 例次，占 BE + ADJ 类状态句的 55.0%（另有 13 例次译成接续体标记动态句，见下文）。在 2 118 例次英语状态句的汉译中概率为 10.1%。

[3]"着"标记的状态句

这也是由"着"表征静态持续的运算功能允准的。可表征为：E：Vs（-es）+（AT NP）→ C：Vs + 着 +（AT NP）。例如：

（14）a. "Don't we [have a fine time]?" Catherine said.

"我们不是 [过着快活的日子吗] ?"凯瑟琳说。

b. "They [have sealing-wax on it]," he said.

"瓶口上 [用蜡封着]，"他说。

例（14ab）的译文里都介入了持续体标记"着"。在语料库里，汉译为"Vs + 着"结构的共计 13 例，在 2 118 例次的英语现在时状态句中概率仅为 0.6%。这说明汉语"着"虽有表静态功能，但在对应英语现在时状态句上作用微弱。上述三类英语现在时状态句译为汉语状态句的总数达 2 021 例次，占英语现在时状态句（2 118 例次）的 95.4%，概率上占绝对优势。

策略 II：静态特征的动态化翻译策略

英语现在时状态句汉译时发生动态化。根据英语现在时状态句的结构类型，可分为 [1]BE + X 型结构的汉译动态化，以及 [2]HAVE + NP 型结构的汉译动态化。

该项推导的理论依据在于，汉语"了"的运算功能允准动作结束后的状态持续。实际上，英语注重静态而汉语注重动态是两种语言的重要区别之一（连淑能，2002a：133–146；刘宓庆，2010：409–410）。在汉译英语现在时状态句时，可用动态类动词（渐成类、瞬成类）与接续体标记"了"匹配，与英语形成错位性对应。

[1] BE + X 型结构的汉译动态化

英语 BE + X（X 指短语变量）状态句常体现为四类结构形式：名词短语型（BE + NP）、形容词短语型（BE + ADJ）、过去分词短语型（BE + Part）以及介词短语型（BE + PP）。这些结构都对事态作静态描写，在汉译时往往以"Vach + 了"结构来形成错位对应，可表征为：E：BE(am/is/are) + X → C：Vach + 了。如：

（15）Where [are all the good old priest-baiters]?（BE + NP）
从前 [那些专门逗教士的能手哪儿去了]？

（16）"I['m late], darling," she said.（BE + ADJ）
"我 [来晚了]，亲爱的，"她说。

（17）We['re really married]. I couldn't be any more married (BE + Part)
我们 [实际已经结了婚]。没法子叫我更进一步结婚。

（18）I'll write you every day while you['re at the front].（BE + PP）
等你 [上了前线] 我天天给你写信。

在语料库里，BE + NP 型的英语现在时状态句共计 366 例次，汉译为 "Vach/Vacc + 了" 结构的有 9 例次，占到该类结构的 2.5%。BE + ADJ 型的英语状态句共计 287 例次，汉译为 "Vach + 了" 结构的有 6 例次，占到该类结构的 2.1%。BE + Part 型的英语状态句共计 85 例次，汉译为"Vach + 了"结构的有 16 例次,占到该类结构的 18.8%。BE + PP 型的英语状态句共计 29 例次,汉译为"Vach/Vacc + 了"结构的共计 10 例次,占到该类结构的 34.5%。

[2] HAVE + NP 型结构的汉译动态化

在现在时态下,英语 HAVE + NP 结构表征某种动作行为发生后留存的状态。汉语的"Vach/Vacc + 了"也可表征动作终结后的持续状态,与英语形成错位性对应。可表征为: E: HAVE(*have/has*) + NP → C: *Vach/Vacc* + 了。例如:

(19) a. He thinks too he [has syphilis].
　　　他自以为也 [得了梅毒]。
　　b. My father [has a very fine hotel] at Wengen.
　　　家父在那儿 [开了一家上好的旅馆]。

例(19ab)的汉译分别体现为瞬成类事态 [得了梅毒] 和渐成类事态 [开了一家上好的旅馆]。在语料库里,HAVE + NP 型的英语状态句共计 211 频次,汉译为"Vach/Vacc + 了"结构的有 7 例次,占到该结构的 3.3%。

英语的 BE + X 和 HAVE + NP 两类结构的动态化汉译共计 48 例次,占到英语现在时状态类句(2 118 例次)的 2.3%。从这一统计结果来看,英语状态句在汉译中发生动态化的概率很低,与静态特征对等汉译(95.4%)形成鲜明对照。

4. 归纳及例外因素分析

上述推导出的翻译策略,在 *A Farewell to Arms* 的汉译文本中的确存有一些例外。例外的出现可能出于多种因素,包括译者对原文的主观理解发生偏差,从而造成语义偏离,还可能是译者语言使用习惯造成的。例如:

(20) a. [Are you worried] because you haven't anything to do?
　　　你 [在愁着] 没事做吗?

b. Everybody [has babies]. It's a natural thing.

人人都 [在怀孕]。这本是自然而然的。

例（20a–20b）的汉语译文用进行体标记"在"介入状态句，更为自然的表达似应为 [你还愁没事可做吗？] 以及 [人人都要孩子的]。在语料库里，汉语译文使用"在"字结构来对应英语静态描写结构的用例仅此2例。

10.5　本章小结

　　本章以英语现在时状态句为例，展示了基于对比分析的翻译实证研究路径的"五步实证循环"程序应用问题，并具体以英语中的 want 和汉语中对应的"想要/要"为案例进行了样例检验，弥补了尚新（2014a，2015）相关研究中运用双语语料库数据检验对比分析结果方面的不足。

　　事态类型不同，句子表征的基本语义特征不同；现在时态对各类事态具有相同的语法运算功能（即 [+ 暂时] ∨ [+ 泛时]）。事态类型和现在时态均可对句中时间状语的介入产生制约作用，形成各类现在时事态句的时间句法特征。英语现在时状态句的时间语义值为 [– 动态，+ 持续，– 完整] ∧（[+ 短暂] ∨ [+ 泛时]）。基于汉语无时态范畴这一基本论断，可推导出两类汉译策略，即静态特征对等策略和静态特征的动态化策略，其中静态对等翻译策略占绝对优势。英语现在时事态句的汉译策略有三个基本特征：一是基本上采取事态类型对应的翻译策略，并以上下文语境功能和时间词对应英语现在时所表征的现在时域概念；二是在现在时形态下，状态类事态句的汉译最为复杂；三是在四类事态类型中，仅有状态类事态的汉译会出现完整体标记"过/了"介入的翻译策略。

　　参照相同的做法，对英语中的现在时过程句、现在时渐成句以及现在时瞬成句的汉译策略进行探讨，可归纳为表 10–3。这些翻译策略的推导和验证可见于尚新（2014a，2015）的相关研究，这里不再赘述。

表 10-3　英语现在时状态句的汉译策略

时间句法类型	结构方式		语义表征	语法表征	汉译策略	对应结构方式
现在时状态句	Vs（-es）+（AT NPt）		[−动态,+持续,−完整]	[+暂时]∨[+泛时]	静态特征对等	Vs
						Vs + 了
						Vs + 着
	BE Type	BE + NP	[−动态,+持续,−完整]		动态化	Vach/Vacc + 了
		BE + ADJ				
		BE + Part				
		BE + PP				
	HAVE Type	HAVE + NP				Vach/Vacc + 了

注：表 10-3 里，Vs 代表状态类事态，Vach 代表瞬成类事态，Vacc 代表渐成类事态。NP 代表名词短语，ADJ 代表形容词，Part 代表动词现在分词形式，PP 代表介词短语。符号"∨"表"或者"运算。"+"表具有某特征，"−"表不具体某特征。

第 11 章
总　　结

在语言类型学的加持下,对比语言学的研究既可以形而上,即上升到语言哲学的层面,探索不同语言类型所折射出来的不同语言世界观,以促进不同语言文化之间的文明互鉴;也可以形而下,即用以指导人们的语言实践行为,包括语言教学、词典编纂、翻译互通等。然而这种"道""器"并重的对比分析在学界还没有真正发生过,本书研究即是为这一尝试而做出的努力。

对比分析的形而上探究,虽然学界已作出了不少的探索,但如何从语言细小的元素(如音节、词等)出发,再到语言中更大的单位(如短语、句构、语篇等),来反复证明一个统一的语言世界观,这样的努力在学界并不多见。本书围绕汉英民族在"物""事"合一观还是分立观方面的问题,从形态出发,然后到词,再到短语和句构的层面,反复论证了汉语民族对"物""事"的认知采取的是合一观,而英语民族采取的是分立观。从"语言相对论"的角度来看,这种合一观和分立观的差异,影响并形成了汉语民族独特的伦理哲学传统和英语民族的自然哲学传统。汉语民族伦理哲学的要义在于"整体观""合一观"以及"有序观",其最终目标是"和"(harmony)。英语民族自然哲学的要义在于"局部观""分立观"以及"法则观",其最终目标是"征服"(to conquer)。

对比分析的形而下研究,在 20 世纪后半个世纪里,整体上体现在对语言教学和词典编纂的指导方面。自 20 世纪 90 年代末期,在语料库语言学的"桥接"作用下,对比分析与翻译研究开始融合,形成了"基于语料库的对比分析与翻译研究"和"语料库驱动的基于对比分析的翻译研究"两种基本研究取向，而以后者突显。但语料库驱动的对比分析与翻译研究路径恰恰在不同语料库的平衡使用、语料库功能定位等问题上存在先天不足，其根本原因在于，这些路径难以揭示对比分析与翻译研究之间的内在关系，也难以充分认识到对比分析与翻译研究之间的"并栖关联"其实不过是表象而已，而二者内在的关系实质是蕴涵关系，即对比分析蕴涵翻译研究，这就是对比分析与翻译研究之间的"蕴涵定律"。

对比分析与翻译研究之间的蕴涵定律，用蕴涵式表达为"if P, then Q"。这一蕴涵式将对比分析与翻译研究有机整合在一起，使得二者成为一个完整命题的两个子命题，分别成为该命题的"前件"和"后件"。这一蕴涵式内在地决定了对比分析环节所发现的源语与目的语之间的对应规律是将源语译为目的语的翻译策略推导的根本动力，其蕴涵式具体化为"if C-Rules, then T-strategies"。前件命题和后件命题都需要进行证实或证伪，这就定位了不同种类语料库的平衡使用和功能发挥。具体而言，双语语料库的功能在于证实"前件"命题，即由对比分析环节所得出的源语与目的语之间的对应规律假设；平行语料库的功能在于证实"后件"命题，即由对应规律推导出来的由源语到目的语的翻译策略。两种语料库的功能定位是由对比分析与翻译研究之间的蕴涵定律内在地决定的，是必然，而非选择。由此，本书提出了"语料库验证型基于对比分析的翻译研究"路径，亦可称为"基于对比分析的翻译实证研究"（尚新，2023）。在遵循实证科学循环的原则下，本书提出了 CT-CATS 的"五步循环法"方法论，成为运用 CT-CATS 路径探究对比分析与翻译研究的基本方法论。

CT-CATS 实证研究路径的提出，能够有效克服传统的对比分析与翻译研究的三大缺陷：一是语料库平衡使用上存在的缺陷，也就是用同一种语料库（平行语料库）既做对比分析，也做翻译研究；二是语料库的功能在于驱动得出结论，然而一旦平衡使用双语语料库和平行语料库，对比分析环节驱动得到的结果与翻译研究驱动得来的结果容易产生割裂；三是不能完整呈现对比分析与翻译研究二者之间的内在逻辑关系实质。

第11章　总结

总之，本书的研究是对比语言学的"道""器"并重研究的一次尝试，"物""事"合一与"物""事"分之亦绝非是汉语民族与英语民族语言世界观差异的全部内容。随着对比语言学研究的进一步深入和拓展，对比语言学者可以在中外文明互鉴和翻译实践方面作出更大的贡献。

参考文献

曹佩升，刘绍龙. 2011. 描写翻译研究方法论. 中国外语，（1）：90–96.
陈立民. 2002. 汉语的时态和时态成分. 语言研究，（3）：14–31.
陈莉. 2016. 事件语义学视角下汉语的谓语分类. 外国语，（6）：23–33.
陈平. 1988. 论现代汉语时间系统的三元结构. 中国语文，（6）：401–422.
程书秋. 2014. 二项式领属性定语后"的"字隐现规律. 语言文字应用，（3）：51–58.
戴耀晶. 1997. 现代汉语的时体系统. 杭州：浙江教育出版社.
丁声树. 1979. 现代汉语语法讲话. 北京：商务印书馆.
菲尔墨. 2002. "格"辨. 胡明扬译. 北京：商务印书馆.
冯庆华，陈科芳. 2008. 汉英翻译基础教程. 北京：高等教育出版社.
冯庆华，刘全福. 2011. 英汉语言比较与翻译. 北京：高等教育出版社.
冯庆华，穆雷. 2008. 英汉翻译基础教程. 北京：高等教育出版社.
高一虹. 2000. 沃尔夫假说的"言外行为"与"言后行为". 外语教学与研究，（3）：182–189.
葛校琴. 2002. 当前归化/异化策略讨论的后殖民视阈——对国内归化/异化论者的一个提醒. 中国翻译，（5）：32–35.
龚千炎. 1995. 汉语的时相时制时态. 北京：商务印书馆.
郭绍虞. 2009. 照隅室语言文字论集. 上海：上海古籍出版社.
洪堡特. 1997. 论人类语言结构的差异及其对人类精神发展的影响. 伍铁平，姚小平译. 北京：商务印书馆.
胡开宝，盛丹丹. 2020. 基于语料库的文学翻译批评研究：内涵、意义与未来. 外语电化教学，（5）：3，19–24.
黄立波，王克非. 2011. 语料库翻译学：课题与进展. 外语教学与研究，（6）：911–923.
蒋骁华. 2003. 当代西方翻译理论的新发展. 外国语言文学，（2）：41–46.
金立鑫. 1998. 试论"了"的时体特征. 语言教学与研究，（1）：105–120.
柯平. 1999/2008. 对比语言学. 南京：南京师范大学出版社.
黎锦熙. 1924/2000. 新著国语文法. 北京：商务印书馆.
李剑影. 2007. 再论"玩它个痛快". 汉语学习，（2）：55–61.
李临定. 1990. 现代汉语动词. 北京：中国社会科学出版社.
李讷，石毓智. 1997. 汉语动词拷贝结构的演化过程. 国外语言学，（3）：32–38.
李铁根. 1999. 现代汉语时态研究. 沈阳：辽宁大学出版社.

李湘. 2011. 从实现机制和及物类型看汉语的"借用动量词". 中国语文, 343（4）: 313–325, 383.
李宇明. 2000. 拷贝型量词及其在汉藏语系量词发展中的地位. 中国语文, 274（1）: 27–34, 93.
连淑能. 2002a. 汉英语对比研究. 北京：高等教育出版社.
连淑能. 2002b. 论中西思维方式. 外语与外语教学,（2）: 45–47.
梁茂成. 2012. 语料库语言学研究的两种范式：渊源、分歧及前景. 外语教学与研究,（3）: 323–335.
刘春梅, 尚新. 2022. 翻译语言与动态对比语言学. 上海翻译,（5）: 8–13.
刘丹青. 2003. 语言类型学与汉语研究. 世界汉语教学,（4）: 5–12.
刘丹青. 2011. 语言库藏类型学构想. 当代语言学,（4）: 289–303.
刘丹青. 2012. 汉语的若干显赫范畴：语言库藏类型学视角. 世界汉语教学,（3）: 291–304.
刘劼生. 2000. 表示事件的"数 + N"结构. 世界汉语教学,（1）: 35–40.
刘宓庆. 1992. 汉英对比与翻译. 南昌：江西教育出版社.
刘宓庆. 2010. 新编汉英对比与翻译. 北京：中国对外翻译出版公司.
刘一之. 2001. 北京话中的"着"字新探. 北京：北京大学出版社.
刘正光, 李易. 2020. 英汉语量词使用中的时空意义比较研究. 现代外语, 43（2）: 147–160.
刘正埮. 1956. 语言学界也应该广泛展开学术上的自由讨论. 中国语文杂志社编. 汉语的词类问题（第二集）. 北京：中华书局, 22–25.
陆丙甫. 2009.《语言共性和语言类型》导读, 载 B. Comrie. *Language Universals and Linguistic Typology: Syntax and Morphology*. Beijing: Peking University Press, F7–19.
陆俭明. 1988. 语法研究和探索（第四辑）. 北京：北京大学出版社.
陆志韦. 1951. 北京话单音词词汇. 北京：人民出版社.
罗选民. 2004. 论文化/语言层面的异化/归化翻译. 外语学刊,（1）: 102–106.
吕叔湘. 1947/1956. 中国文法要略. 北京：商务印书馆.
吕叔湘. 1977. 通过对比研究语法. 语言教学与研究（第二集）. 语言教学与研究,（2）: 4–18.
吕叔湘. 2004. 现代汉语八百词（增订本）. 北京：商务印书馆.
马建忠. 1898/1998. 马氏文通. 北京：商务印书馆.
马庆株. 1981. 时量宾语和动词的类. 中国语文,（2）: 86–90.
马庆株. 1984. 动词后面时量成分与名词的先后次序. 语言学论丛,（13）: 40–56.
马庆株. 1990. 数词量词的语义成分和数量结构的语法功能. 中国语文, 161–173.
牟世金. 2022. 牟世金文集（第二册）: 文心雕龙译注. 北京：人民文学出版社.
聂志平. 1992. 有关"得"字句的几个问题. 语言文字学,（7）: 52–58.
潘文国. 1995. 语言对比的哲学基础——语言世界观问题的重新考察. 华东师范大学学报（哲学社会科学版）,（5）: 81–88.

潘文国. 1997/2002. 汉英语对比纲要. 北京：北京语言大学出版社.
潘文国. 2006a. 对比语言学的目标与范围. 外语与外语教学，（1）：25–31.
潘文国. 2006b. 对比语言学的新发展. 中国外语，（6）：14–20.
潘文国，谭慧敏. 2005. 重建西方对比语言学史——洪堡特和沃尔夫对开创对比语言学的贡献. 华东师范大学学报，（6）：70–75.
潘文国，谭慧敏. 2006. 对比语言学：历史与哲学思考. 上海：上海教育出版社.
潘文国，谭慧敏. 2018. 中西对比语言学——历时与哲学思考. 上海：华东师范大学出版社.
庞双子，王克非. 2019. 从"第三语码的拓展"看语料库翻译学动向. 外语教学，（1）：995–999.
濮建忠. 2014. 语料库驱动的翻译研究：意义单位、翻译单位和对应单位. 解放军外国语学院学报，（1）：53–63，159–160.
秦洪武，王克非. 2009. 基于对应语料库的英译汉语言特征分析. 外语教学与研究，（2）：131–136.
屈承熹. 2010. 汉语功能篇章语法——从认知、功能到篇章结构. 台北：文鹤出版有限公司.
萨丕尔. 1997/2007. 语言论：言语研究导论. 陆卓元译. 北京：商务印书馆。
尚新. 2004. 突显理论与汉英时体范畴的类型学差异. 语言教学与研究，（6）：10–18.
尚新. 2007. 英汉体范畴对比研究——语法体的内部对立与中立化. 上海：上海人民出版社.
尚新. 2009a. 汉语体系统内部的概念空间化配置对立——以"在"和"着"为例. 语言科学，（2）：165–170.
尚新. 2009b. 时体、事件与 V 个 VP 结构. 外国语，（5）：28–37.
尚新. 2010. 英汉名词的"数"与语言类型学特征. 解放军外国语学院学报，33（1）：1–4，15，127.
尚新. 2011a. 集盖、事件类型与汉语"都"字句的双层级量化. 外语教学与研究，（3）：363–374.
尚新. 2011b. 论英汉语法体对语义体的运算及其句法层级选择性. 解放军外国语学院学报，（6）：6–12.
尚新. 2013. 语言类型学视野与语言对比研究. 外语教学与研究，45（1）：130–139.
尚新. 2014a. 英汉时体类型与翻译策略. 上海：上海人民出版社.
尚新. 2014b. 从动词类型学到体算子情态论——英美语言学传统中的体态理论演进管窥. 外国语，（3）：30–40.
尚新. 2015. 语义翻译论、时间语义值与事态句翻译——以英语现在时事态句的汉译为例. 译苑新谭，（7）：50–56.
尚新. 2020. 时量动宾句构"V + T(de) + N"的信息结构透视及实验证据. 外国语，43（5）：46–60.

尚新. 2021. 试论第三语码在对比分析中的地位及其描写研究模型. 外语教学与研究，(6)：842-853.

尚新. 2023. 蕴涵关系与基于对比分析的翻译实证研究. 外语教学与研究，(2)：276-287.

尚新，刘春梅. 2018. 事态句的时间量化及其语言类型学意义——以汉语"V+T（的）+N"及其对应英语结构的对比分析为例. 外国语，41（5）：27-37.

邵敬敏. 1984. "动+个+形/动"结构分析. 汉语学习，(2)：50-54.

邵敬敏. 1996. 动量词的语义分析及其与动词的选择关系. 中国语文，(2)：100-109.

申小龙. 1988. 中国句型文化. 长春：东北师范大学出版社.

申小龙. 1990. 洪堡特"语言世界观"思想研究. 河南师范大学学报，(2)：55-60.

申小龙. 1993. 文化语言学. 南昌：江西教育出版社.

申小龙. 1994. 古典洪堡特主义与当代新洪堡特主义. 复旦学报（社会科学版），(1)：64-69.

申小龙. 2013. 中文句子视点流动的三个向度. 杭州师范大学学报（社会科学版），35（6）：88-94.

沈家煊. 1995. "有界"与"无界". 中国语文，(5)：367-380.

沈家煊. 1999. 不对称和标记论. 南昌：江西教育出版社.

沈家煊. 2003. 现代汉语"动补结构"的类型学考察. 世界汉语教学，(3)：17-24.

沈家煊. 2008. 三个世界. 外语教学与研究，(6)：403-408，480.

沈家煊. 2009. 我看汉语的词类. 语言科学，8（1）：1-12.

沈家煊. 2012. 怎样对比才有说服力——以英汉名动对比为例. 现代外语，(1)：1-13，108.

施春宏. 2010. 动词拷贝句句式构造和句式意义的互动关系. 中国语文，(2)：99-113.

施春宏. 2014. 动词拷贝句的语法化机制及其发展层级. 国际汉语学报，(1)：1-27.

石秀文，管新潮. 2015. 基于语料库的汉英词语的翻译特色研究. 上海翻译，(4)：80-84.

石毓智. 1992. 论现代汉语的"体"范畴. 中国社会科学，(6)：183-201.

石毓智，雷玉梅. 2004. "个"标记宾语的功能. 语文研究，(4)：14-20.

宋玉柱. 1981. 关于时间助词"的"和"来着". 中国语文，(4)：86-91.

孙艺风. 2010. 翻译学的何去何从. 中国翻译，(2)：5-11.

陶源. 2015. 基于俄汉平行语料库的翻译单位研究. 外语教学，(1)：108-113.

王东风. 2002. 归化与异化：矛与盾的交锋？中国翻译，(5)：24-26.

王力. 1943/2011. 中国现代语法. 北京：商务印书馆.

王力. 1944/2000. 现代汉语语法. 北京：商务印书馆.

王菊泉. 2011. 什么是对比语言学. 上海：上海外语教育出版社.

王克非. 2004. 新型双语对应语料库的设计与构建. 中国翻译，(6)：73-75.

王克非. 2006. 语料库翻译学——新研究范式. 中国外语，(3)：8-9.

王克非. 2012. 中国英汉平行语料库的设计与研制. 中国外语，(6)：23-27.

王克非, 胡显耀. 2008. 基于语料库的翻译汉语词汇特征研究. 中国翻译, (6): 16–21.
王克非, 黄立波. 2008. 语料库翻译学十五年. 中国外语, (6): 9–14.
王克非, 秦洪武. 2009. 英译汉语言特征探讨——基于对应语料库的宏观分析. 外语学刊, (1): 102–105.
王克非, 秦洪武. 2017. 基于历时符合语料库的翻译与现代汉语变化考察. 外语教学与研究, (1): 37–50, 159.
王宁. 2014. 翻译与跨文化阐释. 中国翻译, (2): 5–31.
王文斌, 艾瑞. 2022. 汉语语序的主导性原则是"时间顺序"还是"空间顺序"？世界汉语教学, 36 (3): 319–331.
徐剑. 2007. 当代翻译研究的显性转向与隐性转向. 云梦学刊, (1): 139–141.
徐烈炯. 2009. 生成语法理论：标准理论到最简方案. 上海：上海教育出版社.
徐阳春. 2003. "的"字隐现的制约因素. 修辞学习, (2): 33–34.
许余龙. 1992/2002. 对比语言学. 上海：上海外语教育出版社.
许余龙. 2007. 再论语言对比基础的类型. 外国语, (6): 21–27.
许余龙. 2009. 语言对比研究是否需要一个理论框架. 宁波大学学报（人文社科版）, (4): 32–38.
许余龙. 2010. 语言的共性、类型和对比——试论语言对比的理论源泉和目的. 外语教学, (4): 1–5.
许余龙. 2017. 语言类型学视野下的对比研究. 外语与外语教学, (5): 20–28.
雅洪托夫. 1957. 汉语的动词范畴. 陈孔伦译, 北京：中华书局.
姚小平. 1995. 洪堡特——人文研究和语言研究. 北京：外语教学与研究出版社.
游汝杰. 1983. 补语的标志"个"和"得". 汉语学习, (3): 18–19, 49.
詹先君. 2015. 外语测试阅读文本的效标关联效度验证研究——基于语料库的视角. 外语数学与测试, (3): 23–29.
张伯江. 1999. 现代汉语的双及物结构式. 中国语文, (3): 175–184.
张济卿. 1996. 汉语并非没有时态语法范畴——谈时、体研究中的几个问题. 语文研究, (4): 27–32.
张济卿. 1998a. 论现代汉语的时制与体结构（上）. 语文研究, (3): 18–26.
张济卿. 1998b. 论现代汉语的时制与体结构（下）. 语文研究, (4): 19–27.
张建, 谢晓明. 2008. 动词后数量短语的语义功能和句法属性. 汉语学习, 166 (4): 44–50.
张美芳. 2000. 翻译学的目标与结构——霍姆斯译学构想介评. 中国翻译, (2): 66–69.
张文, 王永秋. 2009. 描写译学研究的目的与方法. 北京第二外国语学院学报, (10): 16–20.
张秀. 1957. 汉语动词的"体"和"时态"系统. 中国语文杂志社编. 汉语语法论文集（第一集）. 北京：中华书局：64–68.

张谊生. 2003. 从量词到助词——量词"个"语法化过程的个案分析. 当代语言学,（3）: 193–205.

张振江. 2007. 当代国外"沃尔夫-萨丕尔假说"研究评介. 青海民族研究,（4）: 15–19.

赵秋荣, 王克非. 2013. 英译汉翻译语言的阶段性特点——基于历时类比语料库的考察. 中国翻译,（3）: 15–20.

赵世开. 1979/1990. 浅谈英语和汉语的对比研究. 外国语文教学,（3）: 34–42.

赵世开, 沈家煊. 1984. 汉语"了"字跟英语相应的说法. 语言研究,（1）: 114–126.

赵元任. 1979. 汉语口语语法. 北京: 商务印书馆.

赵元任. 1968/2001. 汉语口语语法. 北京: 商务印书馆.

周明强. 2002. 汉语量词"个"的虚化特点. 语文学刊,（1）: 41–44.

周志培. 2003. 汉英对比与翻译中的转换. 上海: 华东理工大学出版社.

朱德熙. 1981. "在黑板上写字"及相关句式. 语言教学与研究,（1）: 4–18.

朱德熙. 1982. 语法讲义. 北京: 商务印书馆.

朱一凡, 李鑫. 2019. 对翻译汉语语言特征的量化分析——基于翻译与原创汉语新闻语料库的对比研究. 中国外语,（2）: 81–90.

左飚. 2001. 环性与线性: 中西文化特性比较. 社会科学,（12）: 68–72.

左思民. 1998. 试论"体"的本质属性. 汉语学习,（4）: 8–12.

左思民. 1999. 现代汉语中"体"的研究——兼及体研究的类型学意义. 语文研究,（1）: 10–21.

Aarts, J. 1998. Introduction. In S. Johansson & S. Oksefjell (Eds.), *Corpora and Cross-linguistic Research: Theory, Method, and Case Studies*. Amsterdam-Atlanta: Editions Rodopi B. V., 9–16.

Aijmer, K. & Altenberg, B. 1996. Introduction. In K. Aijmer, B. Altenberg & M. Johansson (Eds.), *Languages in Contrast. Papers from a Symposium on Text-based Cross-linguistic Studies*. Lund: Lund University Press, 11–16.

Aijmer, K. & Altenberg, B. 2013. Introduction. In K. Aijmer & B. Altenberg (Eds.), *Advances in Corpus-based Contrastive Linguistics*. Amsterdam & Philadelphia: John Benjamins, 1–2.

Bach, E. 1986. The algebra of events. *Linguistics and Philosophy*, 9: 5–16.

Baker, M. 1992. *In Other Words: A Coursebook on Translation*. London & New York: Routledge.

Baker, M. 1993. Corpus linguistics and translation studies: Implications and applications. In M. Baker, G. Francis & E. Tognini-Bonelli (Eds.), *Text and Technology: In Honor of John Sinclair*. Amsterdam & Philadelphia: John Benjamins, 233–250.

Baker, M. 1996. Corpus-based translation studies: The challenges that lie ahead. In H. Somers (Ed.), *Terminlology, LSP and Translation: Studies in Language Engineering in Honor of Juan C. Sager*. Amsterdam & Philadelphia: John Benjamins, 233–252.

Bassnett, S. 1980/1991. *Translation Studies*. London & New York: Routledge.

Battistella, E. 1996. *The Logic of Markedness*. New York: Oxford University Press.

Bhat, D. N. S. 1999. *The Prominence of Tense, Aspect and Mood*. Amsterdam & Philadelphia: John Benjamins.

Biber, D., Johansson, S., Leech, G., Conrad., S. & Finegan, E. 1999. *Longman Grammar of Spoken and Written English*. Beijing: Foreign Language Teaching and Research Press.

Binnick, R. I. 1991. *Time and the Verb: A Guide to Tense and Aspect*. Oxford: Oxford University Press.

Blum-Kulka, S. 1986. Shifts of cohesion and coherence in translation. In J. House & S. Blum-Kulka (Eds.), *Interlingual and Intercultural Communication: Discourse and Cognition in Translation and Second Language Acquisition Studies*. Tubigngen: Gunter Narr, 17–35.

Boas, H. U. 1977. Some remarks on case grammars as bases for contrastive studies. In J. Fisiak & A. M. Univ (Eds.), *Papers and Studies in Contrastive Linguistics* (Vol. 7). Poznan: Center for Applied Linguistics, Arlington, 21–31.

Brown, R. & Lenneberg, E. H. 1954. A study in language and cognition. *Journal of Abnormal and Social Psychology*, (65): 14–21.

Bunt, H. C. 1985. *Mass Terms and Model-theoretic Semantics*. Cambridge & London & New York: Cambridge University Press.

Bybee, J., Perkins, R. & Pagliuca, W. 1994. *The Evolution of Grammar—Tense, Aspect, and Modality in the Languages of the World*. Chicago: The University of Chicago Press.

Carlson, G. N. 1977. *Reference to Kinds in English*. Amherst: University of Massachusetts. Reproduced by the Indiana University Linguistics Club, Bloomington, Indiana, 1978.

Carroll, J. B. & Casagrande, J. B. 1958. The function of language classification in behavior. In E. E. Maccoboy, T. M. Newcomb & W. L. Hartley (Eds.), *Readings in Social Psychology* (3rd ed.). New York: Holt, Rinehart & Winston, 18–31.

Catford, J. C. 1965. *A Linguistic Theory of Translation*. Oxford: Oxford University Press.

Taylor, C. 1995. *Philosophical Arguments*. London: Harvard University Press.
Chen, G. M. & Starosta, W. J. 1998. *Foundations of Intercultutal Communication*. Needham Height: Allyn & Bacon.
Chen, G. M. & Starosta, W. J. 1998–1999. A review of the concept of intercultural awareness. *Human Communication*, 2: 27–54.
Chesterman, A. 1980. Contrastive generative grammar and the psycholinguistic fallacy. *PSiCL*, (11): 17–24.
Chierchia, G. 1998. Reference to kinds across languages. *Natural Language Semantics*, (6): 339–405.
Chierchia, G. 2008. Mass nouns and vagueness. Unpublished paper for Mass and Count Workshop at Toronto University, February 7–8, 2009.
Chierchia, G. & Turner, R. 1988. Semantics and property theory. *Linguistics and Philosophy*, (11): 261–302.
Chung, S. & Timberlake, A. 1985. Tense, aspect and mood. In T. Shopen (Ed.), *Language Typology and Syntactic Description* (Vol. 3), 202–258.
Comrie, B. 1976. *Aspect: An Introduction to the Study of Verbal Aspect and Related Problems*. Cambridge: Cambridge University Press.
Comrie, B. 1985. *Tense*. Cambridge: Cambridge University Press.
Comrie, B. 1989/2009. *Language Universals and Linguistic Typlogy: Syntax and Morphology*. Beijing: Peking University Press.
Dahl, O. 1985. *Tense and Aspect Systems*. New York: Basil Blackwell.
Davidson, D. 1967. The logical form of action sentences. In N. Rescher (Ed.), *The Logic of Decision and Action*. Pittsburgh: University of Pittsburgh Press, 81–95.
De Groot, A. D. 1961. *Methodologie: Grondslagen van Onderzoek en Denken in de Gedragswetenschappen* [*Methodology: Foundations of Research and Thought in the Behavioral Sciences*]. The Hague: Mouton.
De Sutter, G., Lefer, M. A. & Delaere, I. (Eds.). 2017. *Empirical Translation Studies: New Methodological and Theoretical Traditions*. Berlin: Mouton de Gruyter.
Dowty, D. R. 1979. *Word Meaning and Montague Grammar: The Semantics of Verbs and Times in Generative Semantics and in Montague's PTQ*. Dordrecht: Reidel.
Evert, S. & Neumann, S. 2017. The impact of translation direction on characteristics of translated texts: A multivariate analysis for English and German. In G. De Sutter, M. A. Lefer & I. Delaere (Eds.), *Empirical Translation Studies: New Methodological and Theoretical Traditions*. Berlin: Mouton de Gruyter, 47–80.

Fillmore, C. J. 1968. The case for case. Bach, E. & Harms, R. T. (Eds.), *Universals in Linguistic Theory*. New York: Holt, Rinehart and Winston, Inc., 1–88.

Fisiak, J. 1981. Some introductory notes concerning contrastive linguistics. In J. Fisiak (Ed.), *Contrastive Linguistics and the Language Teacher*. Oxford & New York: Pergamon Press, 1–12.

Francis, E. J., Matthews, S., R. W, Wong, Y. & Kwan, S. W. M. 2011. Effects of weight and syntactic priming on the production of Cantonese verb-doubling. *Journal of Psycholinguistics Research*, (40): 1–28.

Frawley, W. 1984. Prolegomenon to a theory of translation. In W. Frawley (Ed.), *Translation: Literary, Linguistic and Philosophical Perspectives*. London: Associated University Press. 159–175.

Fries, C. C. 1945. *Teaching and Learning English as a Foreign Language*. Ann Amor: University of Michigan Press.

Gast, V. 2013. Contrastive analysis. In M. Byram (Ed.), *The Routledge Encyclopedia of Language Teaching and Learning*. London: Routledge, 153–158.

Gast, V. 2015. On the use of translation corpora in contrastive linguistics: A case study of impersonalization in English and German. *Languages in Contrast*, (15): 4–33.

Gillon, B. S. 1992. A common semantics for English count and mass nouns. *Linguistics and Philosophy*, (15): 597–639.

Gillon, B. S. 1996. *The Lexical Semantics of English Count and Mass Nouns*. Workshop on the Breadth and Depth of Semantic Lexicons, Santa Cruz, The United States of America.

Gillon, B. S. 2004. Introduction. In S. Davis & B. S. Gillon. (Eds.), *Semantics: A Reader*. New York: Oxford University Press.

Gillon, B. S. 2012. Mass terms. *Philosophy Compass*, 7(10): 712–730.

Granger, S. 1996. From CA to CIA and back: An integrated approach to computerized bilingual and learner corpora. In K. Aijmer, B. Altenberg & M. Johansson (Eds.), *Languages in Contrast. Papers from a Symposium on Text-based Cross-linguistic Studies in Lund, 4–5 March 1994*. Lund: Lund University Press, 37–51.

Granger, S. & Lefer, M. A. 2013. Enriching the phraseological coverage of high-frequency adverbs in English-French bilingual dictionaries. In K. Aijmer & B. Altenberg (Eds.), *Advances in Corpus-based Contrastive Linguistics*. Amsterdam & Philadelphia: John Benjamins, 157–176.

Granger, S., Jacques, L. & Stephanie, P. T. 2003. Preface. In S. Granger, J. Lerot & S. Petch-Tyson (Eds.), *Corpus-based Approaches to Contrastive Linguistics and*

Translation Studies. Amsterdam & New York: Editions Rodopi B. V., 9–12.

Granger, S., Ludo B. & Jean-Pierre, C. 1999. *Le Language et l'Homme* (Vol. 34). No. 1 (Mars 1999). Special issue *Contrastive Linguistics and Translation*. Leuven: Editions Peeters.

Granger, S. 2003. The corpus approach: A common way forward for contrastive linguistics and translation studies? In S. Granger, J. Lerot & S. Petch-Tyson (Eds.), *Corpus-based Approaches to Contrastive Linguistics and Translation Studies*. Amsterdam & New York: Editions Rodopi B. V., 17–30.

Greenberg, J. H. 1963. Some universals of grammar with particular reference to the order of meaningful elements. In J. H. Greenberg (Ed.), *Universals of Language (2nd ed.)*. Cambridge: The MIT Press, 73–113.

Grisot, C. 2018, Cohesion, coherence and temporal reference from an experimental corpus pragmatics perspective. *Yearbook of Corpus Linguistics and Pragmatics*. Cham: Springer.

Hareide, L. 2014. *Testing the Gravitational Pull Hypothesis in Translation—A Corpus-based Study of the Gerund in Translated Spanish*. Bergen: University of Bergen.

Hareide, L. 2019. Comparable parallel corpora: A critical review of current practices in corpus-based translation studies. In I. Doval & M. Teresa Sánchez Nieto (Eds.), *Parallel Corporal for Contrastive and Translation Studies: New Resources and Applications*. Amsterdam: John Benjamins, 19–38.

Hatim, B. & Mason, I. 1990. *Discourse and the Translator*. London & New York: Longman.

Hatim, B. & Mason, I. 1997. *The Translator as Communicator*. London & New York: Routledge.

Hatim, B. 1997. *Communication Across Cultures: Translation Theory and Contrastive Text Linguistics*. Exeter: University of Exeter Press.

Heitink, G. 1999. *Practical Theology: History, Theory, Action Domains: Manual for Practical Theology*. Grand Rapids: W. B. Eerdmans.

Higginbotham, J. 1985. On semantics. *Linguistic Inquiry*, 16: 547–594.

Holmes, J. S. 1988. The name and nature of translation studies. In Holmes, J. S. (Trans.), *Papers on Literary Translation and Translation Studies*. Amsterdam: Rodopi, 67–80.

Hopkinson, C. 2007. Factors in linguistic interference: A case study in translation. SKASE *Journal of Translation and Interpretation*, 2(1): 13–23.

House, J. 1997. *Translation Quality Assessment: A Model Revisited*. Tübinggen: Niemeyer.

House, J. 2011. Using translation and parallel text corpora to investigate the influence of global English on textual norm in other languages. In A. Kruger, K. Wallmarch & J. Monday (Eds.), *Corpus-based Translation Studies: Research and Applications*. London: Continuum, 187–208.

Humbolt, W. & Michael, L. (Ed.). 1836/1988. *On Language: The Diversity of Human Language-structure and Its Influence on the Mental Development of Mankind*. & H. Peter (Trans.) Cambridge & New York: Cambridge University Press.

Izquierdo, M., Hofland, K. & Reigem, Ø. 2008. The ACTRES Parallel Corpus: An English-Spanish Translation Corpus. *Corpora*, 3(1): 31–34.

Jaap, van der Does & Verkuyl, H. J. 1999. Book review on quantification in natural languages (Vols. 1 & 2). *Journal of Logic, Language and Information*, (8): 243–251.

Jacobson, R. 1959/1992. On linguistic aspects of translation. In R. Schulte & J. Biguenet (Eds.), *Theories of Translation: An Anthology of Essays from Dryden to Derrida*. Chicago & London: The University of Chicago Press, 144–151.

James, C. 1980. *Contrastive Analysis*. Colchester & London: Longman.

Jespersen, O. 1931. *A Modern English Grammar on Historical Principles: Vol. 4. Syntax*. London: George Allen & Unwein.

Johansson, S. 1998. On the role of corpora in cross-linguistic research. In S. Johansson & S. Oksefjell (Eds.), *Corpora and Cross-linguistic Research: Theory, Method, and Case Studies*. Amsterdam: Rodopi, 3–24.

Johansson, S. 2003. Contrastive linguistics and corpora. In S. Grange, J. Lerot & S. Petch-Tyson (Eds.), *Corpus-based Approaches to Contrastive Linguistics and Translation Studies*. Amsterdam & New York: Editions Rodopi B. V., 31–44.

Johansson, S. 2007. *Seeing Through Multilingual Corpora: On the Use of Corpora in Contrastive Studies*. Amsterdam: Benjamins.

Johansson, S. 2008. *Contrastive Analysis and Learner Language: A Corpus-based Approach*. University of Oslo.

Johansson, S. & Hasselgård, H. 1999. Corpora and cross-linguistic research in the Nordic countries. In S. Granger, L. Beheydt & J. P. Colson (Eds.), *Le Language et l'Homme* (Vol. 34). No. 1 (Mars 1999), Special Issue *Contrastive Linguistics and Translation*. Leuven: Editions Peeters, 145–162.

John, A. L. 1997. Linguistic relativity. *Annual Review of Anthropology*, (26): 294.

John, J. G. & Stephen, C. L. 1996. *Rethinking Linguistic Relativity*. Cambridge: Cambridge University Press.

Kay, P. & Kempton, K. 1984. What is the Sapir-Whorf Hypothesis? *American Anthropologist*, (86): 65–79.

Ke, P. 1998. *Contrastive Linguistics*. Nanjing: Nanjing Normal University Press.

Kenny, D. 2012. Linguistic approaches to translation studies. *The Encyclopedia of Applied Linguistics*. London: Blackwell.

Koller, W. 1979/1989. Equivalence in translation theory. In A. Chesterman (Ed.), *Readings in Translation Theory*. Helsingfors: Oy Finn Lectura Ab., 99–104.

König, E. 2012. Contrastive linguistics and language comparison. *Languages in Contrast*, 12(1): 3–26.

Krzeszowski, T. P. 1990. *Contrasting Languages: The Scope of Contrastive Linguistics*. Berlin & New York: Mouton de Gruyter.

Lado, R. 1957. *Linguistics Across Cultures—Applied Linguistics for Language Teachers*. Ann Arbor: The University of Michigan Press.

Lambalgen, M. & Hamm, F. 2005. *The Proper Treatment of Events*. Oxford: Blackwell.

Langacker, R. W. 2008. *Cognitive Grammar: A Basic Introduction*. Oxford: Oxford University Press.

Lardiere, D. 1992. On the linguistic shaping of thought: Parsing as an alternative to the taxonomic mode. *American Anthropologist*, (83): 773–795.

Lauridsen, K. 1996. Text corpora and contrastive studies: Which type of corpus for which type of analysis? In K. Aijmer, B. Altenberg & M. Johansson (Eds.), *Languages in Contrast. Papers from a Symposium on Text-based Cross-linguistic Studies in Lund, 4–5 March 1994*. Lund: Lund University Press, 63–71.

Laviosa, S. 2002. *Corpus-based Translation Studies. Theory, Findings, Applications*. Amsterdam & New York: Rodopi.

Lefevere, A. 1992. *Translation, Rewriting and the Manipulation of Literary Fame*. London & New York: Routledge.

Lehrer, A. 1986. English classifier constructions. *Lingua*, (68): 109–148.

Lenzen, V. F. 1938, 1955. *Procedures of Empirical Science*. Chicago: The University of Chicago Press.

Levinson, S. C. 1996. Frames of reference and Molyneux's question: Cross linguistic evidence. In P. Bloom, M. A. Peterson, L. Nadel & M. F. Garrett (Eds)., *Language and Space*. Cambridge: The MIT Press, 109–170.

Li, C. N. & Thompson, S. A. 1981. *Mandarin Chinese, A Functional Reference Grammar*. Berkeley, Los Angeles & London: University of California Press.

Li, Yen-Hui Audrey. 1999. Plurality in a classifier language. *Journal of East Asian Linguistics*, (8): 75–99.

Liu, M. Q. 1992. *CE-EC Contrastive Studies and Translation*. Nanchang: Jiangxi Education Press.

Lucy, J. 1992. *Language Diversity and Thought*. Cambridge: Cambridge University Press.

Maienborn, C. 2008. On Davidsonian and Kimian states. In I. Comorovski & K. von Heusignger (eds.). *Existence: Semantics and Syntax*. Dirdrecht & Berlin & Heidelberg & New York: Spring Science & Business Media B. V, 107–132.

Molino, A. 2017. A contrastive analysis of reporting clauses in comparable and translated academic texts in English and Italian. *Languages in Contrast*, (17): 18–42.

Montague, R. 1969. On the nature of certain philosophical entities. *The Monist*, (35): 159–195.

Mourelatos, A. 1978. Events processes, and states. *Linguistics and Philosophy*, (2): 415–434.

Munday, J. 2001. *Introducing Translation Studies: Theories and Applications*. London & New York: Routledge.

Neuliep, J. W. 2000. *Intercultural Communication: A Contextual Approach*. Boston: Houghton Mifflin Harcourt.

Neumann, S. & Silvia, H. S. 2013. Exploiting the incomparability of comparable corpora for contrastive linguistics and translation studies. In S. Sharoff, R. Rapp, P. Zweigenbaum & P. Fung (Eds.), *Building and Using Comparable Corpora*. Springer-Verlag Berlin Heidelberg, 321–335.

Neumann, S. & Stefan, E. 2017. The impact of translation direction on characteristics of translated texts: A multivariate analysis for English and German. In S. Gert De, M. A. Lefer & I. Delaere (Eds.), *Empirical Translation Studies New Methodological and Theoretical Traditions*. Berlin & New York: Mouton de Gruyter, 47–80.

Newmark, P. 2001. *Approaches to Translation*. Shanghai: Shanghai Foreign Language Education Press.

Nickel, G. & Wagner, K. H. 1968. Contrastive linguistics and language teaching. *IRAL*, (6): 233–255.

Nida, E. A. 1964. *Toward a Science of Translating*. Leiden: E. J. Brill.
Nida, E. A. & Taber, C. R. 1969. *The Theory and Practice of Translation*. Leiden: E. J. Brill.
Niranjana, T. 1992. *Siting Translation: History, Post-structuralism, and the Colonial Context*. Berkeley: University of California Press.
Nord, C. 1988/1989. *Text Analysis in Translation: Theory, Methodology and Didactic Application of a Model for Translation-oriented Text Analysis*. Amsterdam: Rodopi.
Nord, C. 1997. *Translating as a Purposeful Activity: Functionalist Approaches Explained*. Manchester: St. Jerome.
Olsen, M. B. 1997. *A Semantic and Pragmatic Model of Lexical and Grammatical Aspect*. New York & London: Garland.
Øverås, L. 1998. In search of the third code: An investigation of norms in literary translation. *Meta: Journal des Traducteurs / Meta: Translators' Journal*, 43(4): 557–570.
Pawley, A. 1987. Encoding events in Kalam and English: Different logics for reporting experience. In Russell, S. T. (Ed.), *Coherence and Grounding in Discourse: Outcome of a Symposium*, Eugene. Amsterdam & Philadelphia: John Benjamins, 329–360.
Pinker, S. 1994. *The Language Instinct: How the Mind Creates Language*. New York: Harper Collins.
Quirk, R. 1972. *A Grammar of Contemporary English*. London: Longman.
Quirk, R., Greenbaum, S., Leech, G. & Svartvik, J. 1985. *A Comprehensive Grammar of the English Language*. London & New York: Longman.
Rabadán, R. & Izquierdo, M. 2013. A Corpus-based analysis of English affixed negation translated into Spanish. In K. Aijmer & B. Altenberg (Eds.), *Advances in Corpus-based Contrastive Linguistics*. Amsterdam & Philadelphia: John Benjamins, 57–82.
Radford, A. 1988/2000. *Transformational Grammar: A First Course*. Beijing: Foreign Language Teaching and Research Press.
Ramón García, N. 2002. Contrastive linguistics and translation studies: Interconnected: The corpus-based approach. *Linguistica Antverpiensia, New Series-themes in Translation Studies*, (1): 393–406.
Reichenbach, H. 1947. *Elements of Symbolic Logic*. New York: The Free Press & London: Collier-Macmillan.
Reiss, K. 1981, 2000. Type, kind and individuality of text: Decision making in translation. In L. Venuti (Ed.), *The Translation Studies Reader*. London &

New York: Routledge, 160–171.

Ritter, E. & Rosen, S. T. 1998. Delimiting events in syntax. In W. Geuder & M. Butt (eds.). *The Projection of Arguments: Lexical and Syntactic Constraints.* Stanford: CSLI Publications. 135–164.

Robins, R. H. 1965. *General Linguistics: An Introductory Survey.* Bloomington: Indian University Press.

Rothstein, S. 2004. *Structuring Events: A Study in the Semantics of Lexical Aspect.* Oxford: Blackwell.

Rusiecki, J. 1976. The development of contrastive linguistics. *Interlanguage Studies Bulletin,* 1(1): 12–44.

Sajavaara, K. & Lehtonen, J. 1981. A bibliggraphy of applied contrastive studies. In J. Fisiak (Ed.). *Contrastive Linguistics and the Language Teacher.* Oxford: Pergamon Press, 243–279.

Salkie, J. 1987. Review on *Tense and Aspect Systems. Lingua,* (72): 79–108.

Santos, D. 1995. On grammatical translationese. In K. Kosskenniemi (Ed.), *Short Papers Presented at the Tenth Scandinavian Conference on Computational Linguistics.* Helsinki, 29–38.

Sapir, E. 1961. *Culture, Language and Personality.* Berkeley: University of California Press.

Sapir, E. 1921. *Language: An Introduction to the Study of Speech.* New York: Harcourt, Brace.

Sapir, E. 1949. *Selected Writings.* Berkeley & Los Angeles: University of California Press.

Sapir, E. 1929. The status of linguistics as a science. *Language,* 5(4): 207–214.

Saussure, Ferdinand de. 1959. *Course in General Linguistics.* New York: Philosophical Library.

Schwarzschild, R. 2007. *Mass Nouns and Stubbornly Distributive Predicates.* Harvard Colloquium Series, 2007. STUBs / Pluralities Boston, USA.

Shang, X. 2023. When contrastive analysis meets translation studies: A historical perspective. *Target: An International Journal of Translation Studies,* (2): 186–214.

Shopen, T. (Ed.). 1985. *Language Typology and Syntactic Description* (Vol. 3). Cambridge: Cambridge University Press.

Smith, C. 1991/1997. *The Parameter of Aspect.* Dordrecht: Kluwer Academic Publishers.

Song, Z. J. 2008. *Linguistic Typology: Morphology and Syntax.* Beijing: Peking University Press.

Sutter, G. D., Lefer, M. A. & Delaere, L. (Eds.). 2017. *Empirical Translation Studies New Methodological and Theoretical Traditions*. Reihe: Trends in Linguistics. Studies and Monographs [TiLSM] 300. Berlin & New York: Mouton de Gruyter.

Svantesson, J. O. 1994. Tense, mood and aspect in Kammu. In C. Bache, H. Basboll & Lindber, C-E (Eds.), *Tense, Aspect and Action: Empirical and Theoretical Contributions to Language Typology*. Berlin & New York: Mouton de Gruyter, 265-278.

Sweet, H. 1891/1955. *A New English Grammar—Logical and Historical (part I)*. London: Oxford University Press.

Teich, E. 2003. *Cross-linguistic Variation in System and Text: A Methodology for the Investigation of Translations and Comparable Texts*. Berlin & New York: Mouton de Gruyter.

Toury, G. 1980. *In Search of a Theory of Translation*. Jerusalem: Academic Press.

Toury, G. 1995. *Descriptive Translation Studies-and-beyond*. Amsterdam & Philadelphia: John Benjamins.

Tummers, J., Heylen, K. & Geeraerts, D. 2005. Usage-based approaches in cognitive linguistics: A technical state of the art. *Corpus Linguistics and Linguistic Theory*, (1): 225-261.

Vendler, Z. 1957. Verbs and times. The Philosophical Review. In 1967. *Linguistics in Philosophy*. New York: Cornell University Press, 66(2): 143-160.

Verkuyl, H. J. 1972. *On the Compositional Nature of the Aspects. (Foundations of Language Supplementary Series)*, 15. Dordrecht-Holland: D. Reidel.

Verkuyl, H. J. 1989. Aspectual classes and aspectual composition. *Linguistics and Philosophy*, (12): 39-94.

Verkuyl, H. J. 2008. *Binary Tense*. Stanford: CSLI Publications.

Vikner, C. 1994. Change in homogeneity in verbal and nominal reference. In C. Bache, H. Bassbøll & C. E. Lindberg (Eds.), *Tense, Aspect and Action: Empirical and Theoretical Contributions to Language Typology*. Berlin & New York: Mouton de Gruyter, 139-164.

Wardhaugh, R. 1970. The contrastive analysis hypothesis. *TESOL Quarterly*, 4(2): 140-148.

Whaley, L. 2009. *Introduction to Typology: The Unity and Diversity of Language*. Beijing: World Publishing Corporation.

Whitman, R. L. & Jackson, K. L. 1972. The unpredictability of contrastive analysis. *Language Learning*, (22): 29-41.

Whorf, B. L. 1940. *Linguistics as an Exact Science: New Ways of Thinking, Hence of Talking, About Facts Vastly Alter the World of Science, Emphasizing the Need for Investigation of Language*. Cambridge: The MIT Press.

Whorf, B. L. 1956. Science and linguistics. In J. B. Carroll (Ed.), *Language, Thought, and Reality: Selected Writings of Benjamin Lee Whorf*. Cambridge: The MIT Press, 207–219, 233–245.

Xiao, R. & McEnery, T. 2004. *Aspect in Mandarin Chinese: A Corpus-Based Study*. Amsterdam & Philadelphia: John Benjamins.

Zacks, J. M. & Tversky, B. 2001. Event structure in perception and cognition. *Psychological Bulletin, 127*(1): 3–21.

Ziahosseiny, S. M. 1991. *The Application of Contrastive Linguistics in Training Translators/Interpreters. microfilm, Thomason Libr*. The Ohio State University. Call No. ED332550.

附　　录

附表 1　英语原文语料库中的"want"现在时态句

	"want"现在时态句	直引
1	The Pope wants the Austrians to win the war.	×
2	He doesn't want to see peasants.	×
3	Priest wants Austrians to win the war.	×
4	Priest wants us never to attack.	√
5	The Italians didn't want women so near the front.	×
6	Do you want to very much?	√
7	You wouldn't want to go in the line all the time, would you?	√
8	You want us to stay here or can we look around?	√
9	Come with me if you want.	√
10	Do you want us to come outside and get him?	√
11	They want to eat.	×
12	They want to get you the medagliad'argento but perhaps they can get only the bronze.a	√
13	Maybe girls don't want to go to the front any more.	√
14	I won't kiss you if you don't want.	√
15	You do not want me for anything?	√
16	The Japanese want Hawaii	√
17	Why do the Japanese want it?	√
18	They don't really want it.	√
19	If any man wants to raise a beard let him.	√
20	They want to put me somewhere.	√
21	I don't want breakfast.	√

续表

	"want" 现在时态句	直引
22	I want you.	√
23	I don't want to do anything more to you.	√
24	Do you want to keep your knee, young man?	√
25	I want it cut off.	√
26	He wants to keep his knee.	√
27	I don't want my leg fooled with by a first captain.	√
28	That's all I want to know.	√
29	But you won't want me.	√
30	I don't want any one else to touch you.	√
31	That's what I want you to do.	√
32	I want to know that.	√
33	Yes. If he wants her to.	×
34	He does if he wants to.	×
35	She says just what he wants her to?	√
36	I'll say just what you wish and I'll do what you wish and then you will never want any other girls, will you?	√
37	I'll do what you want and say what you want and then I'll be a great success, won't I?	√
38	I do anything you want.	√
39	I want what you want.	√
40	Just what you want.	√
41	You don't want any other girls, do you?	√
42	I do what you want.	√
43	Mind you watch out. I don't want her with any of these war babies.	√
44	I want to do it but she won't let me.	√
45	I just wanted to talk to you.	√
46	Was that all you wanted?	√
47	Do you want a vermouth?	√

续表

	"want" 现在时态句	直引
48	You try it, lady, if you want to.	√
49	I don't want to hear about it.	√
50	No, but I don't want to hear about it.	√
51	Do you want to play?	√
52	Do you want another drink, Simmons? You want a drink, Saunders?	√
53	I guess he always wanted to throw one.	×
54	I don't want you to have any more rank.	√
55	I don't want you to get Scotch and crazy tonight.	√
56	I'll go back whenever you want.	√
57	Where do you want to go?	√
58	I want to stay here.	√
59	Anywhere you want.	√
60	I don't want to.	√
61	I don't want to tell.	√
62	I've tried to be the way you wanted and then you talk about "always".	√
63	I don't really want one.	√
64	Don't you want a drink?	√
65	I suppose you can't be blamed for not wanting to go back to the front.	√
66	I want to show them to the doctor when I make my report.	√
67	What do you want?	√
68	I want two extra clips and a box of cartridges.	√
69	You can make it time if you want.	√
70	No, I want your ears the way they are.	√
71	What do you want me to do?	√
72	You will want to see the Bainsizza.	×
73	I want to see what kind of a job they did.	√
74	I don't want to get drunk but we'll have a drink.	√

续表

	"want" 现在时态句	直引
75	If you want to be my friend, shut up.	√
76	I want to make Federico happy.	√
77	Not if you don't want.	√
78	You want to talk to the priest.	√
79	I want to sleep.	√
80	Do you want a drink, Bartolomeo?	√
81	I come whenever you want me.	√
82	All right if you want them.	√
83	Is there anything you want in the car, Barto?	√
84	I don't want to be stuck on a lance by any cavalry.	√
85	Do you want to eat something?	√
86	We don't want them on top of us before we see them.	√
87	They don't want us.	√
88	Do you want a drink?	√
89	Is that why you did not want to be a prisoner?	√
90	I should think a married man would want to get back to his wife	√
91	You want a glass of grappa?	√
92	You can stay here as long as you want.	√
93	I don't want any money.	√
94	Don't tell me if you don't want.	√
95	I'll give you all the clothes you want.	√
96	Take anything you want.	√
97	you don't want to buy clothes.	√
98	I want you both to be happy.	√
99	I don't want you happy the way you are.	√
100	You should want to be married.	×
101	You do want to go.	√
102	You see you want to leave me even to eat dinner alone.	√

续表

	"want" 现在时态句	直引
103	I've always wanted to go to the Italian lakes and this is how it is.	×
104	I'll not leave you alone if you want me to stay.	√
105	No. No. I want you to go. I want you to go.	√
106	Do you want breakfast?	√
107	Don't you want the paper? You always wanted the paper in the hospital?	√
108	I don't want the paper now.	√
109	I don't want to read about it.	√
110	He wants you to play billiards.	√
111	Any time you want it, I'll give you the key.	√
112	I don't think she wants what we have.	√
113	What do you think I want to do?	√
114	I don't want to go away.	√
115	I don't want you to go away.	√
116	Do you want to know one?	√
117	You don't want to talk about it?	√
118	You are sure you don't want more?	√
119	I don't want to be arrested.	√
120	I don't want any one to see me outside in the hall.	√
121	I want to pay you for the boat.	√
122	What you want.	√
123	I want a drink.	√
124	There's much more if you want it.	√
125	Don't you want to eat something?	√
126	We want to be sure, darling.	√
127	I want some eggs fried, too.	√
128	We are tourists and we want to do the winter sport.	√
129	We want to go where they have the winter sport.	√
130	We want to do the winter sport.	√

续表

	"want" 现在时态句	直引
131	You want to do the winter sport.	√
132	Where do you want to go, Cat?	√
133	If you really want winter sport, you will go to the Engadine.	√
134	Do you really want to go there?	√
135	Don't you want to go there?	√
136	We want to have a splendid wedding with every one thinking what a handsome young couple.	√
137	I want to see Niagara Falls.	√
138	There's something else I want to see but I can't remember it.	√
139	That's what I want to see.	√
140	I want to see San Francisco anyway.	√
141	No. But I want to learn.	√
142	I should think sometimes you would want to see other people besides me.	√
143	Do you want to see other people?	√
144	Do you want me to go away?	√
145	No. I want you to stay.	√
146	I want to feel the bump on your head.	√
147	I don't want to think about the war.	√
148	I don't want to hear about it.	√
149	I want you so much I want to be you too.	√
150	I want us to be all mixed up.	√
151	I don't want you to go away.	√
152	You go if you want to.	√
153	I want you to have a life. I want you to have a fine life.	√
154	Now do you want me to stop growing my beard or let it go on?	√
155	Now do you want to play chess?	√
156	You don't want to see people do you?	√

	"want" 现在时态句	直引
157	What do you want to do? Ruin me?	√
158	Yes. I want to ruin you.	√
159	That's what I want too.	√
160	Whenever you want.	√
161	I don't want to leave here if you don't want.	√
162	I did not think you would want to stay now the bad weather is come.	√
163	As though you didn't want to offend any one.	√
164	Do you want soup, Cat?	√
165	Do you want to put your hand on my back again, nurse?	√
166	I so want to be a good wife and have this child without any foolishness.	√
167	What do you want?	√
168	I want it now.	√
169	I want it again.	√
170	Don't you want lunch?	√
171	He wants to see how I am doing.	√
172	I wanted so to have this baby and not make trouble.	√
173	I don't want to die and leave you.	√
174	Didn't you want a boy?	×
175	What do you want? Ham and eggs or eggs with cheese?	√
176	You touch me all you want.	√
177	Do you want me to get a priest or any one to come and see you?	√
178	Do you want me to do anything, Cat?	√
179	I want you to have girls, though.	√
180	I don't want them.	√
181	I do not want to talk about it.	√

附表 2　汉语原文语料库中"想要 / 要"的事态句

	"想要"或"要"	直引
1	女人不必学政治，而现在的政治家要成功，都得学女人。	√
2	我不要什么。	√
3	褚慎明要女人，所以鼻子同样的敏锐。	×
4	也许她要读书。	×
5	并不是我要你的钱，是训练你对父母的责任心。	√
6	亏得我是一个人，不要用人。	√
7	想要感激辛楣的地方不知多少，倒是为了这几个钱下眼泪。	×
8	我要吃棒冰。	√
9	我要报仇。	√
10	我不要听，随你去说。	√
11	他要拉我去买东西。	×
12	人家可怜你，你不要饭碗，饭碗不会发霉。	√

术 语 表

盎格鲁-萨克逊语	Anglo-Saxon
报道句	reporting clause
边量型事件	lateral event
遍布性	pervasiveness
表达意义	expressive meaning
并置比较	juxtaposition for comparison
布尔代数	Boolean algebra
层次迁移	level shift
持续	durative
传送者	transmitter
纯语言性	language as of itself
词法	morphology
词汇	vocabulary
次级事件	sub-event
错位性对应	offset mapping
达成	accomplishment
打包	packaging
丹尼语	Dëne
单边事件	mono-lateral event
单向性	unidirectionality
等效	equivalent effect
第三语码	the third code
点时性	temporal pointness
动词拷贝结构	verb copying construction
动词起首	verb-initial
动词性指称域	domain of verbal reference
动态对比语言学	dynamic contrastive linguistics
动态对等	dynamic equivalence

短暂性	instantaneousness
对比	contrast
对比分析	contrastive analysis
对比分析假设	contrastive anylysis hypothesis
对比生成语法	contrastive generative grammar
对比研究	contrastive studies
对比语言学	contrastive linguistics
对比参项	*tertium comparationis* (TC)
对等	equivalence
对应	correspondence
对应成分	correspondent
对应规律	correspondence rule
多边事件	multi-lateral event
翻译策略	translation strategy
翻译策略假设	translation-strategy hypothesis
翻译对等	translational equivalence
翻译共性	universal of translation
翻译迁移	translation shift
翻译研究	translation studies
翻译语料库	translational corpus
翻译语言	translational language
反身代词	reflexive pronoun
范畴迁移	category shift
梵语	Sanskrit
仿形取类	profiling classification
非时间性结构	atemporal construction
非完整表达	atelic expression
非完整体	imperfective
非完整性	atelicity
非现实	irrealis
非蕴涵共性	non-implicational universal
分类	classification
分析	analysis
风格	style
附从标记	dependent marking

个体化	individualization
个体事件化	individually eventualized
工作假设	working hypothesis
功能对等	functional equivalence
共栖	symbiosis
共栖关联	symbiotic link
共时性语言研究	synchronic linguistic study
共性	commonality
共性倾向	universal tendency
观察	observation
观察充分性	observational adequacy
光杆形式	bare-noun form
规范化	normalization
过程	process
哈鲁威语	Haruai
行为	action
核心标记	head marking
核心阶段	nucleus
核心句结构	canonical construction
话题化过程	topicalization process
活动	activity
霍比语	Hopi
基于对比分析的翻译研究	contrastive analysis-based translation studies
集中化	convergence
假不可数名词	fake mass noun
假定情状	hypothetical situation
假设	hypothesis
假设语言共性	putative universal
假设语言类型	putative typology
简化	simplification
渐成	accomplishments
接收者	receptor
结尾阶段	terminus
解释充分性	explanatory adequacy
进行体禁止	non-admissive of progressive

进行体许可	admissive of progressive
静态对比语言学	static contrastive linguistics
句法	syntax
均质欧洲语言	standard average European language
可比语料库	comparable corpus
可能世界	possible world
控制语料库	control corpus
跨语言可比性	cross-linguistic comparability
类别	kind
类别词	classifier
量词型语言	classifier language
量化	quantification
描写充分性	descriptive adequacy
描写翻译研究	descriptive translation studies
名词性指称域	domain of nominal reference
名词作为类别	N-as-K
名词作为属性	N-as-P
明晰化假设	explicitation hypothesis
模式	mode
目的论	skopos theory
目的性结构	construction of goals
目的语	target language
内部解释	internal explanation
内在相交	internal intersection
能愿性事件结构	construction of emotive events
欧化	Europeanization
偏误分析	error analysis
平行语料库	parallel corpus
齐一性原则	principle of uniformitarianizm
迁移	transfer
迁移理论	transfer theory
强版	strong version
强制分配性谓词	stubbornly distributive predicate
强制性	obligatoriness
情态	modality

情状	situation
情状范围	situational range
情状类型	situation type
情状特征	situational feature
全等	congruence
弱版	weak version
萨丕尔-沃尔夫假说	Sapir-Whorf hypothesis
三阶段系统	three-stage system
时间名词	phase noun
时间性结构	temporal construction
时间语义特征	temporal semantic feature
时间语义值	temporal semantic value
时量型事件	temporal event
时态	tense
时体复合特征	aspectual compositionality
实证循环	empirical cycle
事	event
事件变量	event variable
事件变元论	event as argument
事件句	event sentence
事件时间	event time
事件现实化	eventual actualization
事件性/事态	eventuality
事件语义学	event semantics
事态句	eventuality sentence
释译	gloss translation
属性	property
数标记型语言	number-marking language
数中性语言	number-neutral language
双边事件	bilateral event
双循环系统	dual cycle system, DSC
双语语料库	bilingual corpus
瞬成	achievements
瞬间性事件	instantaneous event
说话时间	speech time

算子	operator
体态	aspect
体态系统	aspectual system
通用打包机	universal packager
通用粉碎机	universal grinder
通用量词	universal classifier
同时代性	contemporaneity
同文本性	style sameness
同质	homogeneous
突显说	theory of prominence
土耳其语	Turkish
拖延性事件	protracted event
完整体	perfective
完整性	telicity
完整性表达	telic expression
文本对等	textual equivalence
文化转向翻译研究	cultural-turn translation studies
无界性	unboundedness
无时性	timelessness
物	thing
系动词	copula verb
系统化	systematization
系统性	systematicity
显化	explicitation
显性类型学特征	overt typological characteristics
现实	realis
现实世界	realistic world
限定性报告句	finite reporting clause
线性判别式分析	linear discriminant analysis
相似	similarity
消歧	disambiguation
小句	clause
形式对等	formal equivalence
形式对应	formal correspondence
言语	parole

演绎	deduction
验证	testing
异国腔调	foreignness
译语	translationese
隐性类型学特征	covert typological characteristics
有界性	boundedness
有限性	limitedness
有向性	directivity
语对	languagepair
语法化	grammaticalization
语法体	grammatical aspect
语境	context
语料库驱动	corpus-driven
语料库验证	corpus-tested
语料库验证型基于对比分析的翻译研究	corpus-tested CA-based translation studies, CT-CATS
语内语境	co-text, linguistic context
语序可能性	word order possibilities
语言	*langue*
语言共性	language universal
语言决定论	linguistic determinism
语言类型学	linguistic typology
语言世界观	linguistic world view
语言相对论	linguistic relativism
语义翻译原则	principle of semantic translation
语义素元	semantic primitive
语义体	semantic aspect
语用含义	pragmatic implicature
语域	register
预测	prediction
原语	original language
源语	source language
蕴涵定律	entailment law
蕴涵共性	implicational universal
照应过程	anaphoric process

整齐化	levelling out
指称论	referential semantics
转类	type-shifting
状态	state
状态改变	change of the state